아득히 먼 길

서이선

서이선 시집

아득히 먼 길

초판인쇄 2016년 10월 25일
초판발행 2016년 11월 1일

지은이_ 서이선
발행인_ 이현자
발행처_ 도서출판 현자

등 록_ 제 2-1884호 (1994.12.26)
주 소_ 서울시 중구 수표로 50-1(을지로3가, 4층)
전 화_ (02) 2278-4239
팩 스_ (02) 2278-4286
E-mail_001hyunja@hanmail.net

값 10,000원

ISBN 978-89-94820-24-8 03810

이 도서의 국립중앙도서관 출판예정도서목록(CIP)은 서지정보유통지원시스템 홈페이지(http://seoji.nl.go.kr)와 국가자료공동목록시스템(http://www.nl.go.kr/kolisnet)에서 이용하실 수 있습니다.(CIP제어번호: CIP2016025130)

아득히 먼 길

서이선

도서출판 연자

독백獨白

나는 늘 계절을 더듬으며
기다림과 설레이는 마음으로
자연 속을 거닐었다.
햇빛과 바람과 비가 스쳐간 자리에
색과 향과 아름다움이 나를 반겨주었다.
더 많은 소통과 공감으로
비움과 채움의 의미를 갈구하며
내 영혼은 시공을 누볐다.
진부하지만
가슴에서 마음에서 쏟아낸
사유의 흔적들은
조각조각 주변 여기저기에
흩어져 있다.
조립도 하고

색도 입히고
향기도 스미게 해야 하는데
시간은 자꾸 나를 밀어낸다.
그래서
그나마 어설픈 형체를 갖춘
몇 편의 시가 하얀 백지로 이사를 했다.
이제
내가 사랑하는 사람들과 함께
여기서
숲을 거닐고
들꽃과 얘기 나누고
바람과 어깨동무하고
강물 곁에서
노래를 불렀으면 좋겠다.

차례

제1부
하얀 목련

제2부

산 위에 서면

제3부
사랑하는 것들

제4부
바람과 빛의 흔들림

제5부
오후 세 시

제6부
꽃게의 일생

제7부

하얀 제비꽃

제1부
하얀 목련

꽃 진 자리

화려한 축제가 끝나고
하늘거리던 드레스
코끝을 스치던 향기
바람 속에 흩어지고
이제 그 누구의 시선도
발길도 머무르지 않는다

다만 늘 그랬듯이
햇빛 비치면 해바라기하고
바람이 불면 함께 흔들리고
비가 내리면 흠뻑 젖으며
조금씩 깊은 초록의 우물에
발을 내린다

그 우물에
어머니의 모습이 투영되고
긴 터널 끝 작은 방엔
또 다시 새로움이 시작된다

꽃이 진 자리에
아득한 옛날부터 전해져온
삶의 얘기가
매일 일기처럼 쓰여지고
해마다 지문처럼
생명이 영글어 간다

대지의 봄

대지의 정령이 불러주던
낮은 목소리의 자장가가
하얀 서릿발처럼 엉겼다 풀어지고
풀어지다 다시 엉기는
차가운 보금자리 다독인다
시린 발끝 움츠리고
깊은 침묵으로 잠들어 있던
얽히고설킨 뿌리
하얀 솜털을 세우고 잔기침을 한다
지난 가을
바람에 흩어지던 기다림의 흔적들
이제 숨을 고른다
아침 이슬로 깨어나 빛을 부르고
살결을 쓰다듬는 엷은 바람에
연둣빛 그리움이 피어난다
회색빛 여린 가지 끝으로
달음질치는 물빛이
오늘은 잎으로 내일은 꽃으로
오솔길 메우는 발자국 부르리라

진달래꽃

잔설의 기억 아직 아픈데
차가운 골바람 아직 시린데
떡갈잎 헤적이는 소리 묻어두고
속삭이던 솔잎 향기 밀어내고
그날을 기다린다

맨살 쓰다듬는 바람결에
발바닥 간질이는 빛살에
겨우내 품었던 정열이
설레고 또 설레어
열병처럼 온몸 발갛게 물들인다

그녀의 가슴에 안기던 날
애타는 그리움 마시고
그녀의 치마폭에 고개 떨어뜨리던 날
겹겹이 숨은 속살 위로
노을처럼 붉은 사랑이 피어난다

머위

겨우내 땅속 아래 뿌리는
낮은 돌담 아래 어디쯤 왔을까
논두렁 밭두렁에서
북쪽바람 눈치 보며 찬바람에 무사했을까
차가운 바람이 불어도 눈이 내려도
땅속 기운 온돌 같아
손잡고 사방팔방 발걸음 옮겼네

어느 날 문득
여린 살갗 간질이는 바람에
솜털이 일제히 기지개를 켜고
뿌리에 가만가만 소리 없이 다가오는
촉촉한 봄비의 입맞춤에
속살은 한껏 부풀어
세상이 궁금해 생 몸살 난 얼굴로
봄 햇살 속으로 내달았네

해바라기하며 몸부림칠 때마다

솜털 뽀송한 줄기 끝에
녹색 이파리 부끄러운 듯 사르르 펴지면
한 뼘보다 더 자란 줄기에
쌉스레한 진한 향 배이고
녹색 치맛자락 서로 부대껴 바람에 스칠 때쯤
시장 골목 바구니에 새초롬히 앉았네

입맛 잃은 할머니
주름진 얼굴 환해지고
뼈마디 굵은 손끝에 머위줄기 옷 벗으면
시커멓게 물든 손톱이
포기 이파리 쌈 속에 숨어든다
이른 봄 머위에게 쏟아지는 눈웃음이
크게 벌린 입안에 봄맛으로 넘어가네

민들레 갓털

시멘트 보도블록 사이에
원초적 본능이 비집고 숨어들어
오가는 숱한 발자국에
구멍 숭숭 뚫린 겉옷 시퍼렇게 멍들어도
흐린 날 안개비 그리움으로 보듬고
오갈 데 없는 서러움 소나기처럼 스며들어도
더 이상 멈출 수 없는 의지의 깃발이
생명을 갈구하는 운명으로
솟대처럼 하늘로 쑥쑥 솟구치는 날
밤하늘 노란 보름달이 푸른 정기를 쏟아 부어
겹겹이 일어나는 금빛 몸부림

훅하며 가슴에 스며드는 불길도
자지러지는 애환의 흔들림도
동그란 하얀 꿈속에서 깊은 숙면에 들어
이제는 서러워하지 않으리
하늘빛이 다가와 세상을 얘기하고
푸른 바람 다가와 수많은 길 보여주니

미지의 바람이 영글은 하얀 갓털冠毛은
긴 여행을 위해 백지도 한 장 가슴에 품고
답답한 일상을 훌훌 벗어 버린다

하얗게 날아오르는 청운의 꿈
바다가 보이는 언덕이라도
어느 이름 없는 양지 바른 무덤가라도
검은 연기 내려앉는 공장 굴뚝 아래라도
어린아이 아장걸음 토닥이는 골목길 담벼락이라도
그곳은
올해도 내년에도 바람 부는 날
내 몸뚱이 차가운 흙 깊숙이 뿌리로 내려
어느 봄날에 옛 얘기처럼 슬그머니
노란 황금빛 웃음으로 피어나
천지를 향한 동그란 집이 솜털로 피고
미지를 향한 숙면의 보금자리엔
또 다시 의지의 떨림이 날갯짓 하리라

바람

무풍지대를 밀어내며
때로는 거칠게
때로는 부드럽게
먼 바다로부터
넓은 들판을 지나
강을 건너 산을 휘돌아
높음과 넓음
깊음의 소리가 되어
문득 창밖에 서성이면
내 맘 어디다 둘지
내 발길 어이할지 몰라
그저 속내의 키를 재며
그대 따라 팔을 벌리고
몸을 흔들어 봅니다

그대가 침묵하면
갈등은 잠이 들고
그대가 웃으면

아픔은 사라지고
그대가 분노하면
울음 토해 냅니다
그대 따라
묵은 기억 속으로
투명한 현실 속으로
아찔한 곡예를 하면
고요가 찾아옵니다

복숭아와 앵두의 유혹

푸른 소나무 우거진 낮은 동산
어린 시절 놀이터
산기슭 돌아 골목길 향하면
복사나무 줄지은 과수원
연분홍빛 꽃향기에 소꿉친구 모여들고
발그레한 고운 살빛에
어린 심장 팔딱이는 비밀 하나 숨어있네

누가 볼세라 살금살금 까치걸음
두근대는 가슴 쓸어안고
까칠한 솜털 촉감 움켜쥐면
덜컥 목덜미에 와 닿는 묵직한 손길
쫓아오는 발자국 소리에 턱에 닿은 숨소리
산언덕 바위틈에 앉아 가쁜 숨 고르면
두려움과 희열감에 파르르 떤다

이웃집 장독대 옆 돌담 아래
초록 이파리 그늘 삼아 수줍은 듯 숨은 듯

조랑조랑 매달린 빨간 앵두
심부름 가던 어린 발목 붙잡는다
고사리손 뿌리치니 소맷자락 당기네

낮은 담에 대롱대롱 키 재기 하다
여린 다섯 손가락 빨갛게 물들면
꽉 쥔 주먹 안에 빨간 앵두 서너 개
발바닥 불나며 마루 끝에 올라서니
고무신 여기 하나 저기 하나
고운 빛깔 그 향기에
앙증스런 탐스런 그 모습에
어린 양심 검정물이 들었네
아스라한 기억 저 멀리 숨겨둔 나의 비밀

봄빛에 물든 송정바다

오목한 해안 긴 백사장 눈을 감는다
청빛 파도 구르고 봄 햇살 춤을 춘다
오가는 사람들의 발자국이 아픈 듯
멀리서 달려온 파도는 하얀 포말로 지워버린다
아직도 남아 있는 꽃샘바람이
아련한 그리움을 쫓아온 연인들을 밀어내고
건강을 지키려 몸부림치는 중년의 투박한 걸음걸이가
먹이를 찾아 부리로 쪼아대는 갈매기를 불안하게 한다
사람들이 주는 과자 부스러기에 길들여졌을까
먹이를 찾는 방법을 잊어버렸는지
떼 지은 갈매기는 한쪽 방향을 바라보며 조는 듯이 사열하고 있다
왜 저렇게 모두 한 방향만 바라보고 있을까
대장의 무언의 지시가 있었을까
아니면 그들만이 아는 애틋한 사연이 있는 것일까

등대는 수없이 밀려오는 파도를 달래고
멀리 오가는 배들은 바다 속에 잠겼다 떴다를 반복하며
수평선 너머로 어디론가 유유히 떠나고
바람에 흔들리는 수많은 일상은

비릿한 갯냄새에 밀려나 파도와 함께 부서진다
아담한 소나무 공원 아래 깎아지른 바위엔
이승을 못 잊어 울음 우는 영혼의 달램인 듯
촛불과 소주병과 흩어진 음식이
저승길 꽃길이 되어달라고 용왕님을 부르고 있다
바위 틈새로 끝없이 밀려와 깨어지는 파도처럼
영겁의 시간 속에 둥글게 이어지는 고리처럼
시작과 끝이 없는 윤회의 삶이라면 인생도 끝없어라

어디선가 갈매기 세 마리가 한적한 바위기슭에 찾아들었다
아무리 살펴봐도 두 마리는 연인 사이 같은데 삼각관계일까
못 잊어 좇아다니는 옛 연인이면 그 아픈 마음 어찌하랴
행여 짝사랑이면 그 애달픔 어이하랴
그들의 속마음을 내가 눈치 채서일까
바위기슭 아래 날아들어 서로 눈치 보며 배회하다
바닷물이 빠진 후 홍합 덕지덕지 붙은 작은 바위에 앉아
몇 번 날개를 퍼덕이다 어디론가 날아가 버린다

눈부신 오후의 햇빛이 바다 위로 쏟아지고

출렁이는 파도 위로 은가루가 반짝인다
하얀 포말이 안고 온 바닷말을 건지는 노부부의 손길이 애잔하고
해안가 조그만 바위에 마주 선 한 쌍의 갈매기는
부리로 서로의 깃털을 쪼아대며 사랑을 나눈다
세찬 바람 속에서도 가녀린 발짓으로 의연히 서 있는 모습은
찬란한 봄빛 속에 아련한 행복감을 준다
어쩌면 아까 사랑을 찾아 헤매던 그들이 아닐까

곱게 물들어 가는 저녁 하늘이 바다에 안기고
하늘을 포용한 바다의 떨림은 수평선을 밀어내
자욱한 물안개가 피어오른다
소나무 향기가 열어준 오솔길 벤치에선
바다를 향한 저마다의 가슴이 열리고
넓고 깊은 바다가 삶의 의미를 묻자
진한 커피 향에 일상의 숨 막힘은 먼 바다로 질주한다
알싸한 소주 맛에 눈물과 웃음은 하나로 범벅되고
멍게 해삼과 낙지 한 접시에 질펀한 인생이 녹아든다

골목길 냉이

자박자박 동동 구르는
아이들 발자국 소리 듣고 싶어
수더분한 아낙네 손길이 그리워
골목길 탱자나무 아래 하얀 발 내렸다
발아래 수런대는 빗소리도 좋고
산 너머 불어오는 바람도 좋고
마실 가는 강아지 컹컹대는 콧소리도 좋고
허리 굽은 할머니의 치맛자락 펄럭임도 좋은데
보리순 넘실대는 들판이 아른 하고
아지랑이 따라 나선
뻐꾸기 울음이 가슴 시리고
발자국마다 내려놓는 삶이 무겁다
까칠해진 자줏빛 이파리
땅만 바라보며 둥글게 돌아누우니
아무리 기지개를 켜도 하늘은 멀다
농익은 햇살 좇아 꽃대 일어서면
봄 색시 수줍음처럼
하얀 애기 소곤소곤 피어날 텐데
아직도 골목길 서성이며
마당 안 장독대 된장냄새 그리워
온종일 길 위에서 발돋움한다

봄은 그렇게 오더이다

바람이 고개를 숙이고
바람이 길을 묻고
바람이 철새의 깃을 쓰다듬고
바람에 흙냄새 묻어나고
바람의 손길이 부드러워지자
어느 날 문득
너는 발 앞에 서 있었다

강물에 햇빛이 드러눕고
강물에 잎눈이 솜털 털어내고
강물에 구름이 내려와 웅성거리고
강물에 비가 달려와 안기고
강물에 기다림의 흔적이 쌓이자
어느 날 문득
너는 물빛에 어려 있었다

산기슭 마른 풀잎 들추며
들 언덕 축축하게 적시며

흙냄새 지천으로 흩날리며
쑥향기 찾는 봄처녀 그리며
매화 향기 마실 보내며
어느 날 문득
너는 마음에 와 있었다

사월의 늪

낮은 물길이
여린 속살이
부여잡은 인연을 토해내면
심장이 뛈박질 한다
바닥을 핥는 빛의 파노라마
뜨거운 정열이
가쁜 호흡이
서서히 발돋움 한다
수런대는 물풀 사이로
마른 갈대숲 사이로
젖은 발로 기대 선 무수한 생명들
물고기의 유영과
개구리의 자맥질과
철새의 비상과
초목의 아우성이
아직 다 쓰지 못한 서사시를 위해
가장 깊은 곳으로

내려가고 또 내려가
가장 높은 곳으로
올라오고 또 올라온다
해거름 긴 그림자가
늪에 잠기는 줄 모르고

오월의 비

네가 먼 곳으로
바람을 좇아 말없이 떠난 후
팍팍해진 가슴
마른기침 토해내고
말라버린 샘처럼
하얀 소금기 묻어나는 갈증
기다림은 하늘에 닿고
그리움은 강에 머문다
네가 다시 바람의 너울에 실려
바다를 건너고 산등성이 넘어
돌아오는 기미가 보이면
제비는 낮은 날갯짓으로
네가 돌아옴을 알리고
거미는 줄치는 작업을 마무리하고
개미는 무리지어 어디론가 향하고
지렁이는 마른 흙을 헤치고 길을 묻는다
달무리 지는 밤하늘 배회하던 네가
동구 밖 아름드리 느티나무 가지 사이로

투닥투닥 낮은 목소리로 찾아오면
닫아 두었던 창이 열리고
말갛게 가라앉은 침묵 속으로
오월의 신록이 투영되고
잊었던 노래가 생각나고
묻어 두었던 얘기가 떠오른다

외골수 환삼덩굴

물을 담은 흙이
냉기의 빗장을 내리자
하늘 향해 숨을 고르며
너는 빼곡히 일어섰다
줄기를 뻗고 가지를 불리더니
손에 손 잡고 얽히고설켜
묻지도 따지지도 않고
한 치의 양보도 배려도 없이
전진만 외치는 정복자가 되었다
사방으로 곁눈질하며
땅으로 기어 영역을 넓히고
하늘로 올라 키를 높이고
가시 돋친 몸으로 무장을 한 채
할퀴고 휘감으며
마치 전사처럼 고지를 장악했다
억눌린 이웃 포복해서 울고
자유를 갈망하는 눈동자 슬프다
아무리 달래고 얼러도

고집만 부리는 너는 외골수
네가 휘돌아간 자리에
찬바람이 불면
실처럼 엉겨 붙은 네 육신도
허허롭게 푸석대다
흙으로 돌아가리라

잎새

바람을 담고 시간을 헤아리던 네가
메마른 품에서 조금씩 심호흡을 하면
골목길 넘나드는 어린 새
하연 솜털 세우며
온몸 부풀린 너를 향해 우짖고
양지 바른 담벼락 모퉁이에
조개껍데기 사금파리 엎치락뒤치락
어린아이 신접살림 등불 밝힌다
까르르 웃음소리 햇빛 속으로 쏟아지고
부드러운 흙과 고운 모래 그리고 너는
진수성찬 되어 허기진 아이 배불렸다

강물 따라 피어난 연록빛 안개 따라
하늘 향해 기지개 켜고 몸부림치면
겹겹이 에워싼 낡은 껍질 갈라지고
겨우내 부풀린 속살 떨며 일어선다
바람 수런대고 빛살 속삭이면
마당 안 감나무에도 연둣빛 물오른다
시간이 그려내는 수채화의 뜰에

희망처럼 네 춤사위 나풀거리면
단발머리 소녀는 책 보따리 허리에 메고
하얀 신작로를 달려 넓은 운동장
아름드리 버즘나무 아래서 너를 향해 웃었다

뙤약볕 눈부셔 온종일 고개 숙이면
남쪽 하늘 습한 바람 밤새 너를 흔들고
뚝뚝 떨어지는 낙하의 리듬에
부르르 전율하며 일어서는 세포
온몸 흔들다 생 몸살 앓은 너는 푸르게 빛나고
네가 내려놓은 짙은 녹음 아래서
꿈을 좇는 아이는 푸른 하늘을 보고
생을 다듬는 일꾼들은 휴식을 취한다
차가운 바람을 감지한 네가
오색옷 단장하고 떠날 채비를 하면
너를 바라보며 그려 놓은 무수한 일상들
기억의 우듬지에서 늘 푸를 것이다

하얀 목련

사월은
말없이 돌아와
또 무슨 이유를 대며
온종일
빛과 향기로
가슴속을 헤집어 놓을까
스치는 바람
겹겹이 쌓으며
몽싱몽실 부풀던
하얀 그리움
어느 날 문득
습한 바람 불어와
가슴속으로
작은 강 하나 흐르면
말없이
고개 숙일 줄 알면서
사월은
해묵은 기다림
하나 둘 셋 손가락 꼽으며
하얀 꽃구름
지천으로 수놓을까

제2부
산 위에 서면

가자! 거기로!

습도도 온도도 업! 업!
태양은 폭염을 쏟아붓고
바람은 길을 잃고 멈췄네
그때 우리는 이렇게 말하지
후덥지근하다고
숨이 막힌다고
바람이 불었으면 좋겠다고
어디론가 떠나고 싶다고

망설이지 말고 떠나자
너도 나도 모두
자연의 품으로
여름의 뜨거움 속으로
우루루 우우~ 두두두 달려가자
태양이 부서져
파도에 실려오는 바다로
물이 부서져

줄달음치는 계곡으로
바람이 머물러
나뭇잎 그네 타는 숲으로

가슴을 열고
마음을 두드려 보자
쥐나는 머릿속을 비우자
바위 같은 일상을 놓아보자
비우려 떠나자 달려가자
채우려 가보자 머무르자
여름 속에서 자연 속에서

강

침묵하고파
물안개로 겉옷을 입고
사랑하고파
엷은 떨림으로 일렁이고
가슴이 터질 것 같아
거센 폭풍과 호흡하고
갈증에 목말라
하늘이 내리는 물을 마시고
외로움이 깊어
밤새 흘러든 세상 얘기 보듬고
돌아올 수 없는 길을 떠난다

실핏줄 같은 길을 가면
세상 만물이 달려와 안긴다
산은 거꾸로 그림자를 내리고
하늘이 내려와 발을 담그고
하루를 접는 노을이 안긴다
일상의 불빛이 내려와 재잘댄다

어제 오늘 내일이 강물 위에 눕는다
인생도 세월도 누워서 흐른다
깊고 낮은 먼 곳을 향하여

무더위

훅하는 열기가
골목길에 누워버렸다
바람이 달려와 달래도
아랑곳하지 않는다
꿈쩍도 않는다
어디에 머물까
기웃거리던 구름도 놀라
손사래 치며 달아난다

땅은 뜨겁다 아우성이고
나무는 목마르다 헉헉대고
소낙비는 숨죽인다
냉장고는 몸살을 앓고
에어컨은 눈살을 찌푸린다
죽부인*이 눈웃음치고
삼베 홑이불은 빙긋이 웃는다

여름은 거친 숨을 몰아쉬고
가을은 저만치서
처서의 눈치만 보고 있다

* 죽부인(竹夫人)_ 대나무 줄기로 속이 비도록 엮어서 사람의 몸과 비슷한 크기로 만든다. 더운 여름 죽부인을 안고 자면 통풍이 잘 되어 땀띠를 예방할 수 있다.

개미

영겁을 이어온 아득한 시간이
수만 갈래 길을 뚫고 세상을 돌고 세상을 덮고
분신의 체취가 깊은 땅속을 배회하다 머문 자리
어둠이 휘감은 긴 터널 안 여러 개 방
또 다른 세상이 그물처럼 펼쳐진 그곳

오로지 영속적인 존재를 꿈꾸는 여왕의 의지가
하늘로 솟구쳐 빙빙 돌아 사랑을 갈구하던 날
하얀 날개바람에 떨다 꽃잎처럼 낙하하면
혼신의 열정으로 비행을 동반하며
여왕의 꿈을 좇은 슬픈 무리 힘없이 내려앉는다

하얀 옷 벗어 내고 깊은 잠에서 깨어나면
흐물거리는 육신에 문신처럼 새겨진 부지런함
작고 여린 내 몸에서 분연히 일어서는 질서의식
가녀린 허리에 질끈 동여맨 봉사의 끈이
담벼락 지나 잔디밭으로 길게 줄을 잇는다

돌아보는 눈길이 아파 부릅뜬 정 땀 흘리고
무거워진 두 개의 작은 배낭이 거꾸로 서면
더불어 살아야 할 숱한 몸짓이 때로는 슬퍼
반란을 꿈꾸며 하늘 향해 던지는 몸부림
날아볼까, 아니야 아무나 날 수는 없는 거야

햇빛이 이마 위로 따갑게 내리쬐는 여름날
빼곡히 진을 친 진딧물 좇아 땀 흘리던 날
끊임없는 발자국마다 질서가 놓이고
부지런한 몸놀림에 공생의 길이 열리고
가쁜 숨소리 미욱한 몸놀림이 터널 위에 줄을 선다

갯가의 찔레꽃

강 언덕 산기슭에
무리지어 피는 하얀 찔레
언제 봐도 아련한 어린 시절
엄마의 젖가슴 기다리다 스르르 감긴 눈
얼룩진 얼굴에 찔레 향기 온기로 스미고
보채는 어린 동생 눈물 머금은 찔레순
맑은 눈이 고와 여리고 푸른 옷 주욱 벗으면
달콤 아삭 드러낸 속살은 차라리 푸른 서러움
가시밭길 아파도 나 몰라라
얽힌 길이 어지러워도 나 몰라라
오로지 빛을 좇아
하얀 그리움을 안고 순수를 일깨운 찔레꽃

여기 한 송이 찔레꽃
추억은 멀어져 가고
소금기 어린 바람에 목이 마르네
바위 틈새 어디에다 발을 디뎠을까
엄마의 못 다한 사랑이 그토록 애절했었나

동생의 그리움이 바다로 달려와 여기 머물렀나
딱딱하고 차가운 바위에
온 몸으로 절규하듯
살아보리라 외치는 생명력
하늘을 향하고 바다에 머무르는
높고 깊은 숙명의 의지
부서지는 파도에 산산히 깨어버린 외로움
새찬 바람에 사방으로 흩어버린 고독

고개 너머 불던 바람 문득 여기 머무르니
아이들 고사리손 가녀린 감촉 아련하고
엄마 찾는 아득한 노래 소리 들려오니
이제 외롭지 않으리라
바닷가 하얀 찔레꽃 한 송이
고향 바람이 서러워 바위를 사랑하였어라
철썩이는 파도를 가슴으로 안으며
온몸으로 온 맘으로 그를 사랑하였어라

매미

깊고 축축한 땅속에서
여러 해 빛을 그리던 세월
저 소리 서러운 한이 되어 자지러질까
장마가 닻을 내리고 구름이 내몰린 자리에
건듯 부는 바람에 햇빛이 돛을 올리는 날
인고의 늪을 헤치고 깨어난 소리
어둠이 건네준 유년의 빛에 대한 갈증은
시간을 망각한 채 여린 살갗을 다듬어 간다

침묵으로 기다린 갈망의 소리
한 해 두 해 햇수를 세고
봄 여름 가을 겨울 사계절을 헤아리고
내리꽂히는 차가운 냉기에 온몸이 시리고
마른 대지에 땅이 갈라져 가슴이 먹먹해도
긴 장마에 물기가 스멀대는 어느 날
잊은 듯 잃어버린 얕은 숨소리 커져만 간다

숨겨놓은 의지의 얇은 하얀 그물자락

나부대듯 흔들어 빛을 향해 펼치는 날
작열하는 태양빛이 천지를 감싸고
세상이 구슬땀을 흘려 바람을 부르는 날
짙은 녹음을 흔들며 소리치는 몸부림
어둠 속에서 갈고 닦은 의지를
온몸으로 조율해서 풀어내는 저 울음소리

나뭇가지 끌어안고
온 근육을 모아 울려대는 진동은
대답 없는 사랑을 찾는 애타는 세레나데
그 지루한 어둠 속에
어린 미물로 꿈틀거리며 또 묻어야 하는 꿈
빛도 숲도 버려야 하는 절박한 순간
빛을 가르며 온 여름을 가두는 소리
한여름 그 울음소리 한바탕 하늘로 날아오른다

방아깨비

풀숲 고향을 잊었을까
불빛 춤추는 아파트 숲이 궁금했을까
부리부리 두리번거리는 사마귀 피해 왔을까
여름내 성큼 키운 커다란 날갯짓해보고 싶었을까
친구인 여치도 메뚜기도 버려두고
한밤중 후다닥 날아와 숨죽이고 까치발 세운다
끈적끈적한 살갗이 바랭이 숲 닮았을까
소곤대는 애기 소리 강아지풀 한들거림 같았을까

삼십육점오도의 손이 긴 두 다리 잡아도
뜨거운 열기 커다란 무게감 두렵지 않은지
미끈한 자태로 절만 할 뿐이다
한 번 두 번 …… 지칠 줄 모르는 하늘과 땅의 오르내림
긴 다리에 의지한 날렵한 움직임에
유년의 들판이 달려오고 방아깨비놀이 빙글빙글 돈다
"쿵더쿵 쿵더쿵! 저녁방아 찧어라 아침방아 찧어라"
절굿대 잡은 가냘픈 어머니 손 그려지고
쉴 새 없이 방아질 하는 디딜방아 오르락내리락
하얀 고무신 신은 할머니 발 아른거린다

녹색잔칫상에 한껏 부풀은 몸이
가을이 영그는 들판을 날아올라 그리움을 찾는다
그이를 업은 그녀의 등이 휘어질 것 같지만
그이보다 더 육중한 그녀
차가운 겨울 너머 봄을 향한 간절한 소망이 있어
절제와 배려의 미가 커다란 날개에 넘치고
서두르지 않는 느림의 미가 긴 다리에 배어있는 멋쟁이
고사리손 움찔거리고 발걸음 멈추게 하더니
한여름 밤 꿈처럼 홀연히 다가와 밤새 방아질한 방아깨비

비

수많은 일상이 가라앉는다
축축한 그리움이 배어들어
물안개 피는 그곳에 발길 머문다
무엇이 남아 있을까
파란 하늘빛이
빛나는 햇살이
아직도 거기 머물러 있을까

먼 날의 풍요를 꿈꾸며
말없이 다가와 기다리는 흔들림
가슴으로 들려오는 그 리듬
젖는다 흠뻑!
이 평온감

부슬부슬 비 내리는 날
그리움이 가슴 저 아래서
머릿속을 텅 비워가며 하얗게 채워지는데
세상은
수많은 사람들은 뭘 하고 있을까

산딸나무 하얀 꽃

바람은 보았을까
하늘 바다 저 아래
층층이 넘실대는 하얀 물결
솜털 같은 양떼구름인가
나래 접은 하얀 나비인가
시간이 뒷걸음질한다
하얀 십자가 층층이 반짝이고
하얀 솜사탕 바람에 날리고
하얀 솜 뭉게뭉게 눕는다
교회가 보인다
아이들 재잘대는 소리가 들린다
어머니 손끝에서 솜이불이 펼쳐진다
바람이 닻을 내린 언덕에
빨간 꿈이 영글어 간다
깨지 않는 아이의 꿈처럼

비를 바라보며

가벼운 소리 둔탁한 리듬이
머리 위에서 발 아래로 구른다
축축함이 한기를 몰아와
뿌옇게 번진 불빛 아래서 솜털 부르르 떨며 일어선다
바쁜 발걸음에 묵직하게 쌓인 일상의 무게가
어둠 속으로 숨어들어 지하철 굉음을 타고
흔적 없이 밀려갔다 다시 무리 지어
좁은 통로를 비집고 달려와 온기를 좇아간다

멍한 시선을 뚫고 뜬금없이
시간의 도랑이 우산 속으로 달려와 눕는다
바짓가랑이 둥둥 접어 올리고
가쁜 물살을 가르고 올라선 둑길엔
삼십 년 묵은 그리움이 빗속에 떨고 있다

오월 새 이파리 빗물에 목욕하고
스무 살 처녀의 나신을 숨기듯 푸른빛으로 에워싼다
물 고인 벤치에서 한 겹 두 겹 접히는 손수건
깨알같이 새겨진 애틋한 한 줄 글이 물속에 잠기고
왠지 낯선 감정에 풀썩 주저앉고 마는 떨림
우산 속 밀어가 북쪽 바람 속으로 밀려가고

꾸욱 눌러 놓은 진달래빛 마음 우르르 쏟아져 내려
빈 웅덩이 하나 만들어 놓아 서럽다

아무도 없는 길 위에 우두커니 서버린 중년의 감성
빗물에 퇴색할까 차라리 주섬주섬 담아
하릴없이 질퍽거리는 걸음으로 달려온 도심 시장
빗물 가리는 비닐의 바스락대는 소리 애처롭고
구수한 족발향이 시장 골목에 정으로 번지고
꿈틀거리는 산 낙지 비릿한 갯내음에
시원소주 한 잔 진하게 스며들어 가슴으로 취한다

종일 토닥이며 소리치는 비는
아직도 마주하지 못한 서러운 맘 애타게 두드리고
칭칭 동여맨 세월 언저리에서 곰삭은 그리움은
옷소매 젖어 늘어지도록 비바람 속에서 서성거린다
오래되고 농익어서 손때 묻은 반짇고리 같고
늘 만지작거리던 손거울처럼 편안할 줄 알았는데
꿈결인 양 어색한 머뭇거림 낯술로 물들이고
수줍은 맘 어이 못해 빗속으로 밀어내니
저미는 가슴 한 자락이 촛불처럼 흔들리며 타오른다
긴 터널을 지나온 어리둥절한 모습으로

산 위에 서면

산은
하늘이 그리우면 솟아올라 봉우리가 되고
물소리를 듣고 싶으면 내려와 계곡이 된다
누군가 그리우면
골짜기를 가르며 바람으로 달려와
울먹이는 가슴 가만히 두드린다

내 영혼이 산자락에 머물면
긴 세월의 무게를 안은 바위는
짐 내리고 가슴 비워 삶을 가볍게 하란다
바람에 쓰러져 누운 풀숲은
어둔 맘 풀빛으로 곱게 물들여
햇빛 속에 두라고 어루만지며 속삭인다

모든 상념들 가슴에 부여안고 숲에 안기면
고요와 평온이 침묵으로 다가오고
두터운 삶의 그늘 빛바랜 영혼 위로
홀로 간직한 애절한 소망이 꿈틀대고

남은 작은 꿈 하나 하늘 향해 힘찬 날갯짓하면
어느 새 나를 보듬으며 우뚝 서 있는 맘의 산 하나

그 산 위에 서면
아득히 펼쳐진 수많은 길의 얽힘 위로
초록빛 눈부신 환한 길 하나 열리고
사랑빛 실은 솔바람 소리 노래가 되어
기다림이 된 내 그리움에게 전해주리라
아무리 높고 험한 벼랑일지라도
쉼 없이 불어대는 세찬 바람일지라도
늘 바라보며 갈망하던 그 산 위에
우뚝 선 한 그루의 푸른 나무 되리라고

소나기

빛이 사라진다
스멀스멀 어둠이 내린다
검은 구름이 포복을 하고
천연의 깊은 골짜기가
울음을 토해내는 듯
아득히 들리는 그 소리
어느 외골수 고집쟁이 한인가
먼 인디언 마을의 북소리인가
괜스레 가슴이 두근두근
애써 붙잡은 것도 놓고
안간힘 쓰던 마음도 내려놓는다

한줄기 섬광이
찰나로 산마루에 부딪치고
사금파리 스치듯 뇌리를 스치는
하늘의 울음소리
우르르 쿵 쾅쾅 짜그락짜그락!
무더운 여름의 히스테리처럼

느닷없이 쏟아지는 빗방울
후드득 주룩 주룩 쏴아 쏴아!
한 여름날 소나기는
최고의 록 음악을 연주한다

빛이 부서진다
소리가 달린다
빗방울이 쏟아진다
일상의 소음이 사라진다

쇠비름

사그락 사그락
메마른 흙 헤집는 호미 소리
대문 밖 텃밭 고추밭 콩밭에
뙤약볕 부서지고
바람은 눈을 감는다
푹 눌러 쓴 하얀 수건 아래
흥건히 고인 어머니의 땀방울
메마른 등에 성긴 베적삼
트집 부리듯 누워버린다
흙고물 묻은 쇠비름 한줌
뜨거운 볕살에 나신으로 뒹군다
축 드리워진 육신이 서러운가
빨간 열정으로 태어나는 집념의 뿌리
버리지 못하는 삶의 미련인가
살아야 하는 집념의 몸짓인가
타버릴 것 같은 목마름은
별빛 좇던 아침이슬이 반가우랴
짙은 안개 드리우면 좋으랴

차라리 부슬비 내리면
빨간 뿌리털 비비며 웃을까
아니 한 줄기 소나기 쏟아지면
다시 태어나 행복하다고 외칠까
가만히 흙을 향해 다가가는 몸부림
아직도 사라지지 않는
뙤약볕 밭이랑에 스며있는 숨소리
호미 끝에 드리운 삶의 애환
아직도 놓지 못하는 그리움

*쇠비름_ 마치현(馬齒莧)이라고도 부른다. 잎을 나물이나 샐러드로 먹고 생약으로는 전초를 쓴다.

아카시아꽃 향기

오월 신록이 한들거리면
아카시아꽃 향기 바람에 날린다
하얀 꽃 주렁주렁 흔들릴 때마다
추억과 동심이 춤을 춘다
싸아하게 가슴으로 번져오는 그 향기
재넘이 타고 마실 댕기면
코끝에서 입으로 꽃잎이 맴돈다
튀밥 닮은 하얀 꽃
주르륵 훑어 한 움큼 맛보면
달작지근하고 비릿한 그 맛!
온종일 감나무 그늘 아래엔
일 나간 엄마의 기다림이 보채고
조막손에 쥔 잎 한 줄기
가위 바위 보!
손가락 튕겨 차례로 잎 떨구고
남은 초록 줄기 머리카락 멋 부린다
오물조물 만지작만지작
반 접은 줄기에

머리카락 돌돌 감아 파마를 한다
아직도 코끝에 맴도는 그 향기
구멍가게에서 산 껌에도 아카시아꽃 향
마트에서 산 꿀에도 아카시아꽃 향
설탕에 범벅된 아카시아꽃 차에도 향이 핀다
오월 하늘에 하얗게 날리는 아카시아꽃
어린 걸음 자박대던 흙마당에서
흰 머리카락 사이로 주름진 이마 위로
한얀 꽃 시공을 넘어 일렁이고
그 향기 예닐곱 살로 머문다

유월의 비

푸른 하늘이 그리워 수만 리 길 달리다
어느 새 지쳐버린 나
오늘은 수천 가지 빛으로 유혹하는
뜨거운 가슴을 외면하리라
위로 아래로 옥죄어오는
열정의 도가니에 질식할 것 같아
수억 년의 시간이 잠든 고향으로 돌아가리라

수만 갈래 길을 더듬어 가야 할 먼 길
실핏줄처럼 얽힌 좁은 길에
슬며시 고여 드는 습한 기운들
자꾸만 야위고 좁아진 어깨 위로
폭포수 같은 사랑을 부으리라
부레처럼 떠오른 메마른 가슴
텅 비어 버린 내면을 갈무리하듯
달래고 보듬어 깊은 심연에 잠재우리라

남쪽에서 바람이 일고
희뿌연 그늘이 점점 낮은 데로 내려와

내 마지막 갈증을 감싸 안으면
비릿한 해풍을 찾아 달려가리라
짙은 해무를 가르며
하늘과 땅을 오가는 곧추선 거친 몸부림
검푸른 천지를 후드득 두드리다
노란 가로등 불빛에 기대어 밤새 두런대다
하얗게 부서진 포말에 안겨
먼 길 떠나도 서럽지 않으리라

장마가 끝난 뒤

하늘로 자란 대나무 숲에 바람이 일고
작은 새들이 하늘로 날아
물기를 털어낸다
햇빛 그리워 몸살 난 나뭇잎
무희처럼 춤을 추니
사각사각 소곤소곤 상쾌하다
앙증맞은 단감 열매
비에 멍들었나 몸살 앓았나
온 마당에 떼구르르……
가지 끝에서 키 작음을 놀렸던 푸른 매실
한쪽 볼 노랗게 물들어
수줍은 듯 마당 구석에 동그마니 앉았고
비를 마시며 좋아라 했던
지렁이는 땅속으로 돌아가고
흙냄새 좋아라 나부대던 채송화
햇빛 좋아라 까치발로 일어서
옛 친구 웃음 담아 꽃 한 송이 피우고

물을 흠뻑 들이켠 화초
가지를 늘이고 잎으로 기지개 켠다
창문을 활짝 열고
눅눅한 보금자리 햇빛과 바람을 들이고
습기 머금은 맘 자리
한나절 내내 음악으로 말린다

토끼풀

하늘이 얼마나 높은지 모른다
바람이 어디서 오는지 모른다
구수한 흙 향기 어머니 품 같아
축축함이 배어 있는 이웃으로
꼬물꼬물 헤집어 가니
손가락에 발가락에 이어진 하얀 줄
그물처럼 겹겹이 이은 인연의 고리 위로
빈 언덕배기 푸른 이불 깔아놓고
몽글몽글 하얀 솜 동동 피워 길을 열었네

어린 송아지 달려와 비비대고 눕더니
초롱초롱 눈망울 행운 찾아 살금살금
아이들 웃음소리 까르르 쏟아지는 그곳에
아름다운 화관을 두른 사랑이
고운 풀벌레 노래 속에 아련하고
시간은 멈춰 꽃시계 바늘 동심을 가리키네

하늘을 모르는 숙명 땅을 덮는 본능
행복은 세 잎으로 나풀대다 바람에 눕고

눈먼 행운은 책갈피 속에 숨었네
과거도 현재도 어제도 오늘도
행복은 발아래서 낮은 바람처럼
시간을 알리고 추억을 얘기하고
이마를 맞대고 마주보고 웃을 것이다

폭우

후드득 쏴아 쏴아!
무엇이 저리도 서러울까
자식 잃은 어머니의 눈물일까
사랑을 보낸 이별의 아픔일까
퍼내도 퍼내도 고여 드는 한일까
세상이 흠뻑 젖는다
일상의 소리가 가라앉는다
자귀나무꽃 분홍빛 솜털이
사랑을 부풀리다 놀란 듯 움츠리고
들꽃 향기 피어나던 풀 언덕에
무거운 빗방울에 나비 웅크리고
해바라기 하던 이파리
더운 열기 씻어내며 파르르 떤다
새들의 노래 사라진 숲은 침묵하고
무더위는 숨을 죽이고
짙은 녹음도 더 이상 할 일이 없다
사색의 뜰이 된 회색빛 세상에
바람 따라 난타가 쏟아진다
깊게 얕게 그리고 여리고 강하게
가슴 밑바닥까지 울리는 그 리듬
후드득 주룩주룩!
탁탁 투닥투닥!

해바라기 1

울타리 낮다 팔 한쪽 없고
울타리 높다 길어진 허리
버팀목에 기대어 하늘만 바라보네
푸른 녹음 바람결 잡아두고
가시 돋친 찔레 위로
해 닮은 얼굴 두리번거리니
삼식이네 마당엔 삽살이 졸고
순이네 텃밭엔 빨간 고추 주렁주렁 매달렸네

햇빛 좇아 시계처럼 도는 얼굴
석양빛에 노랗게 물든 이마
지친 어깨 위로 토닥이는 소리
창호지 문에 어른거리는 홍두깨 춤사위
애끓는 한숨 소리 수런수런
스르르 고개 숙인 채 키를 낮춘다

해바라기 2

수평선 부여잡고
겹겹이 껴입은 어둠을 헤치고
천천히 다가오는 그대의 숨소리
시간을 따라 쏟아내는 열정
오로지 찬란한 그대를 닮고파
나날이 커 가는 외골수 사랑
마주할 수 없는 그리움에
고개 숙여 종일 빙그르르 돈다

하늘이 푸른빛 화장을 하고
빈들에 찬바람 휘돌면
노란 성 안에
까만 보석 빼곡히 박혀
야윈 허리 무거워 흔들리면
철옹 같은 성마저 무너져 내리고
알알이 일어선 결실 위에
멀어진 빛이 이별을 고한다
둥근 성이 맨살처럼 드러난다

제3부
사랑하는 것들

가을

너는 바람으로 와서
열려 있던 창문을 닫는다
너는 빛으로 와서
하루라는 시간에 어둠을 더한다
너는 미물의 울음소리로 와서
애잔한 슬픔을 풀어 놓는다
너는 여름 끝자락을 붙잡고
하얗게 부서지던 파도와
북적이던 인파의 흔들림을
모래 속에 숨기고 침묵하게 한다
너는 수많은 사연을 남기고
서서히 멀어져가는 열정의 시간을
추억으로 발갛게 물들인다
네가 밀어낸 시공의 자리에
여름의 넋이 풍요로 꿈꾸고
아직 남은 생의 파노라마
낙하를 감지한 듯 오색을 입는다
네가 가까이 다가올 때마다

그림자는 조금씩 야위어 가고
두런두런 일어서는 그리움이 아프다
네가 펼쳐 놓은 상념의 시간 위에
고독과 사색이 겹겹이 쌓이고
오랫동안 각인 된 기다림은
네가 내리는 서늘한 별빛 아래서
고개 숙이고 침묵할 것이다

간절곶 그곳엔

그곳엔
푸르름이 출렁거렸고
축축한 바람이 있었다

빛의 세례를 받은
수평선의 황홀함 금빛으로 달려와
열어 놓은 가슴에 한가득 머물고

무한의 소리가 회오리처럼
휘돌아 간 자리에
이른 새벽의 소리가 하늘로 출렁인다

영혼으로 펴 올린 여명의 빛
빨간 물빛으로 뚝뚝 떨어지면
아직도 서성이는 청춘의 그림자 길어지고

언뜻 달려와 얼굴 붉히는 그리움
왠지 낯설어 하얀 포말로 지워버리면
아득히 먼 그곳으로 말없이 부서져 돌아선다

감

이슬 머금은 청초한 꽃
올망졸망 그 하얀 꽃 속에
뜨거운 열정을 품고 있을 줄 몰랐다
빛을 따라 길을 걷고
어둠 속에서 숨을 고르며
생의 절정에 이르렀다
결실의 향연이 빛으로 내리는
가을 한가운데 서서
저녁노을보다 더 붉게 타올라
칙칙하게 바래어 가는 뜰에
기다림의 의미를
발갛게 살이 터지도록
주저리주저리 토해 놓을 줄 몰랐다
무성한 잎이 지난 시간을 담아
우수수 떠난 자리에
터질 것처럼 팽배한 결실의 실체
그 붉은 빛 너머로
하얀 낮달처럼 어리는 어린 시절
새벽잠 깨우던 어머니 목소리 들리고
소금에 삭힌 풋감의 떫은맛이 고여 든다

날개를 접는 전령사

아직 빛은 겨울을 예고하지 않았다
칸칸이 빽빽하게 들어선 결실의 물결이
간밤에 내린 찬이슬에 이마가 시려 움츠렸다
덜컥대는 콤바인의 힘찬 울림이 한바탕 휘젓고 지나간 자리에
여름의 얘기는 멀어져 가고 공허가 밀려와 머물고
아직 남아 있는 초록의 아련함에 목말라 푸르르 날갯짓을 했다
남은 열정이 솟구쳐 이리저리 볏짚에 뒹굴어 보지만
아무리 뛰어도 닿지 않는 포근한 감촉이 이내 그리워
팔딱이는 심장을 움켜쥐고 건너편 풀숲으로
한 번 두 번 뛰고 또 뛰었다

찌는 더위에 기를 쓰고 보듬은 시간
그 짧은 시간을 가위질하려는 낯선 그림자 서슬이 퍼렇다
곤두선 더듬이에 꽂혀버린 절망감이 무겁다
내 여린 감각이 푸른 하늘을 떠돈다
빛살 좋은 언덕바지 서서히 초록빛 바래고
갈색 그늘 내려앉은 풀숲 틈새에 숨어들어
팔딱이며 가쁜 숨소리 보듬는다

온몸 저리도록 고즈넉하게 날개짓 쓰다듬는 오후 햇살이 슬프다
여지없이 다가 선 폭풍우는 여린 비상을 낚아채어 버렸다
짧은 생애 안타까워 내일을 그리던 꿈이 고개 떨군다
맑은 유리를 스쳐 창공이 비치고 푸른 바람이 지나간다
수없이 뛰어오르다 부딪히는 몸부림이 아프다
빙글빙글 돌다 뜨거운 열기에 오르르 떨다 이내 눈감아 버린다
하얀 거품 속에 삶이 녹아내린다
윤회의 동그라미가 여전히 빙그르르 돈다

대추나무

지붕 그림자 싫다 외치던 대추나무
하늘로 두 팔 벌리고 기지개 켜다
뒷집 낮은 담벼락에 팔 내리고 숨돌린다
돌아앉은 주인네보다
담 너머 할머니 구수한 입담이 정겹고
뜀박질하는 어린 아이 발소리에 귀 열린다
가지 사이로 하늘 한 조각 불러
무성한 잎 사이로 조랑 대던 초록열매
빛을 모아 붉으락푸르락 단장하고
서늘한 바람에 차가움이 배어들면
홍조 띤 매무새로 풍요를 꿈꾼다
소쿠리 낀 주인마님 눈웃음
눈치 보는 할머니의 쓴웃음
어이할까 양보할까 나눌까
어린 아이 달려와 까치발 세우니
며느리 총총 달려와 가지를 움켜쥔다
주저 없이 주르륵 내려놓는 붉은빛 소리
가을 소리 뚝뚝 떨어져 앞집 뒷집 구른다

밤의 빛

태양의 그림자가 멈춘 자리에
우수수 돋아나는 빛
삶의 이유가 되어
종종 걸음으로 달려왔던 길에도
아직 가지 않은 길에도
미련퉁이처럼 피어나는 밤의 꽃
꿈을 좇아 하늘로 일어서고
사랑을 찾아 땅으로 내려와
생의 마술사처럼
칠흑의 어둠 위에 춤을 춘다
사랑이라 말하는 만남도
안녕이라고 말하는 이별도
술 한 잔에 풀어놓은 외로움도
긴장과 땀으로 범벅된 일상도
생각의 숲을 거닐다
밤의 빛에 기대어 잠든다
새벽이 열리고
기적 소리 뿌연 안개를 가를 때까지

바람과 나무

바람이 몸살을 앓은 듯
성질 급한 누군가에 쫓기듯
강을 횅하니 건너
숨 막힐 듯 현관을 두드린다
뒤돌아보면 허리를 휘감아 돌다
발끝으로 쏟아져 거실로 선걸음 친다
사라져 버린 가을의 연서들은
어느 골목 끝에 웅크리고 있을까
여느 때와 길이 달라진 빛의 빠른 걸음이
애타게 바라보는 창을 거역하고
비스듬히 엿보며 산 능선을 넘는 새
으스름 그늘이 길게 영역을 넓힌다

동지를 기다리는 해묵은 나목은
한 뼘 길어질 빛을 기다린다
묵은 가지를 향해 한숨을 쉬며
땅속뿌리는 애타는 울음 울지만
시린 하늘을 바라보는 여린 가지에서

가속의 시간을 업고 바람은 그네를 탄다
도시의 거리를 배회하는 가로수는
숨 가쁜 발자욱 소리와 매연마저 끌어안고
외롭지 않으려고 몸부림친다
얼음처럼 차가운 나목에 부리를 쪼아대는 새처럼
실핏줄처럼 얽힌 물길을 찾아
지구가 해를 옹위하여
몇 바퀴를 돌았는지 잊어버린 채
푸석대는 가지에 심장을 펌프질하고 있다

비 내리는 가을을 걷는다

부슬부슬 비 내리는 날은 걷고 싶다
어깨 위로 후드득 떨어지는 비
자그마한 중력의 떨림을 못 이겨
우수수 벗어 내리는 나무의 흔들림이 아프다
토닥토닥 토닥이는 리듬이
회색빛 동그라미를 그리며 두레박을 내린다
하나 둘 펴 올린 추억의 퍼덕임을 좇아
묵은 기억 속으로 외출을 했다
바람을 입은 계절이 오색 화장을 하고
여린 빛살이 흙마당에 내리면
빨간 감나무 아래서 하늘을 보던 소녀가 웃는다
어느 새 골목길 질주하던 굴렁쇠 따라
달려온 소년은 해맑은 표정으로 빙글빙글 돈다

옆지기 쉼 없이 들이대는 코고는 소리도
축축함이 배어들어 이제는 음악이 되고
분주한 일상을 실어 나르는 기차소리도
토닥이는 빗소리와 화음을 이루고
자동차의 소음도 빗소리가 포옹해 난타가 된다

도심에 오가는 일상이
비의 리듬을 타고 가라앉았다 일어선다
거리에 누워 있던 매연이
바다를 꿈꾸는 비에 보듬겨 멀어져 간다

가로수 줄기를 쓰다듬으며
혼신을 다하여 분사되는 열정에 못 이겨
흐린 회색빛 공간에 이리저리 돌아눕는 잎새는
어느 외로운 이의 가슴에 시를 남기고
홀로 걷는 이의 발아래서 노래 부른다

아! 그곳이 그 시간이 잊히랴
너와 내가 바라보던 눈길에
꿈결처럼 바람처럼 스치던 그리움의 얘기는
먼 훗날 어느 계절의 문턱에서 회상의 나래를 펴면
강물 같은 시간 위에 여전히 흔적이 남아 있으리라
그리하여 빛이 멀어져가고
내 곁의 빛마저 사라져 긴 그늘이 내리는 날
그들은 바람에게 길을 물을 것이다
흐린 안개 빛 그늘에 휩싸여도 꿈꾸는 나비처럼

사랑하는 것들

사랑하여 내 곁에 두고픈 것은
계절을 가늠하는 바람이다
한나절 풀밭에 앉아 찾은
네 잎 클로버이다
언덕배기 한 자락
억새와 손잡은 코스모스이다
책갈피에 잠자는
한 귀퉁이 벌레 먹은 단풍잎이다
노을빛에 기대어
강 언덕에서 서걱대는 갈대이다
깎아지른 절벽에서
시간을 갈무리한 웅장한 바위이다
온갖 시름 끌어안은
육중한 바다의 몸부림이다

사랑하여 껴안고픈 것은
판도라 상자의 희망이다
미지의 세계에 대한 동경이다
언제 돌아봐도 반기는 추억이다
달빛 따라 그 집앞 오가던

잊히지 않는 풋풋한 첫사랑이다
축축한 마음 감싸주는
온돌방처럼 따뜻한 정이다
마르지 않는 자연에 대한 감성이다
빈 마음 채워 주는 그리움이다
흔들림 없는 느긋한 중년의 나이다
애써 안아보려는 생에 대한 열정이다

영겁의 시간은 얼마나 길까
12궁도 12성좌의 자리가 바뀌는데 걸리는 시간은
이천 육백 년이라는데……
모든 게 멀어져 간다
하늘도 가없이 멀어져 가고
시간도 멀어져 가고
그리고
삶도……
그러나 사랑한다
내 곁을 지켜주는 소중한 것들을
내 그리움의 뜰 안을 가득 채워주는 것들을

설악은 가을을 그린다

어둠은 우주를 하나로 잉태하고
무의식의 긴 터널 안에 나는 서 있다
싸아한 찬 기운이 얼굴에 와 닿는다
아! 가을인가
스치는 한줄기 바람결에
노오란 산국의 은은한 향기 골마다 가득하고
보랏빛 구절초의 가녀린 몸짓
가슴으로 다가와 아프게 흔들리는
내 그리움이 피어나는 시월에
지극히 아름다운 영혼을 영접하러
깊은 설악 산자락에 머물렀네

어느새 빛은 어둠을 밀어내고
땅 위에 서성이던 작은 물방울
계곡을 내려와 산기슭에 하얗게 피어
또 다른 세상 하나를 수채화처럼 그려 놓았다
빛나는 푸르름 위로
오색이 사뿐히 내려앉은 숲과
신의 목소리인 듯

아득히 들려오는 물소리와
내가 누리며 소유한 그 시간이
얼마나 짧은 찰나인지를
말없이 일깨워 주는 바위의 침묵이
영겁의 아득함을 푸른 이끼로 드러낸다

온몸을 적시며 깎이고 깎여
깊은 내면마저 송두리째 내어놓은 절벽에서
생명을 일깨우며 달려와
포효하듯 낙하하는 깊은 울림은
가슴 속에 공명이 되어
진부한 내 삶에 파장을 일으킨다

긴 저고리 소맷자락처럼
첩첩이 이어지는 골짜기의 흐름은
얼마나 깊을까
하늘 높이 솟아오른 봉우리의 의연함은
어디까지 닿을까

내 안의 무수한 자아들이 고개 숙인다
조용히 다가가 말없이 안기면
그저 침묵하며 기댈 자리 서슴없이 내어주고
나를 바라보며 걸어갈 수 있는
한적하고 운치 있는
오솔길 하나 열어 주는 숲의 배려에
솔바람 소리에 귀 기울여 내 맘 읊어내고
맑은 물소리에 내 영혼 적셔본다

저 깊고 깊은 골짜기에
저 높고 높은 봉우리에
아픔도 슬픔도 기쁨도
언젠가 묻어 버리고
언젠가 한줌의 흙으로
잠들어야 할 그곳은
늘 그리움이 철마다 피어난다

아직은 내가 귀를 기울일 때
깊은 호흡으로 겸손해져야 할 때이다

곱게 물들어가는 이 가을엔
오직 자연을 향유하며
그 누군가를
그 무엇을 사랑하는 일만이
남아 있는 삶에 대한 애절한 묶임을
버리지 못하는 내 간절한 소망임을
끊임없이 들려오는 대자연의 숨소리 들으며
아득하게 들려오는 신의 목소리에 순응하며
마음 밭에 비움의 뜰 하나 마련한다

억새

가을을 열고
가을을 쓰다듬고
가을을 보듬고 춤추는 너

산 그림자 어둠에 길을 묻고
지그시 강물에 누우면
노을과 어깨동무 하는 너

내 안에 가을을 한 아름 그려놓고
밤새워 내가 울면 너도 울고
내가 흔들리며 너도 흔들리며
말없이 나를 지켜주던 너

야윈 네가 서 있던
강가에 들판에 언덕에
왜냐고 묻기만 하는 너의 몸부림이
하얀 물음표가 출렁인다

팔월 한가위

하늘 높고 푸르러 가을바람 나르고
황금 들판 허수아비 눈 마주치며 출렁출렁
오곡백과 알알이 영글어 주렁주렁

무더운 여름날 몇 겹 껴입은 풀옷
벌초하여 단정하게 의관 갖추신 우리 조상님
팔월 보름 기다리며 빙그레 미소 짓고 계시겠지

차례 상에 고운 정성 가득 배어 있고
도란도란 얘기 속에 정이 어린 성묘길
넙죽 절하는 어린 손주 업어주랴 안아주랴

가을바람 소슬대는 동구 밖 느티나무에
꽹과리 소리 당당당 울려 가지마다 흔들흔들
한마당 어우러지는 풍요와 행복의 춤마당 얼쑤!

어슴푸레 해거름 발갛게 물든 저녁 노을 위로
한가위 보름달 여기도 저기도 두둥실 떠오르면
손에 손잡은 강강술래 보름달 속에 너울너울 춤춘다

여름을 보내고 가을엔

1

여름은 더 깊고 더 넓은
사랑을 위해 땀 흘린다
폭풍우에 아파할 줄 알면서
지독한 폭염에 멍들 줄 알면서
천지를 짙은 애무와 포옹으로 보듬어
그 열정을 뜨겁게 덧칠해 놓는다

풍성함은 풍요를 기약하고
풍요로움은 미래를 약속하지만
영글어 고개 숙인 뒤안길엔
이내 온 세상을 비워내야 하는 아픔이 있어
텅 비어가는 맘자리에 쓸쓸한 바람이 인다

누군가 그리워하는 맘 자리에
우두커니 서 있는 고목 같은 자아가 슬퍼
가을빛 물든 뜰에서 사색을 줍고
세월이 흘러도 맘 한 자락 떠나지 않는
해묵은 아쉬움과 기다림은 하얗게 곰삭는다

2

시공을 넘어 곱게 채색되는 하늘과 바다를
함께 바라볼 수 있는 딱 한 사람 그대

가슴 속 퍼렇게 멍울진 아픔
말없이 쓰다듬어 줄 딱 한 사람 그대

심연으로 울려오는 아름다운 노래
깊은 호흡으로 나눌 딱 한 사람 그대

먼 길 첩첩이 돌아 그리움 나래를 접을 날
오래도록 묵묵히 기다리고 있을 딱 한 사람 그대

그리움이 타서 발갛게 물드는 날
기다림이 영글어 툭툭 터지는 날
딱 한 사람 그대 보듬어 사랑하리라

잠자리

1
아이들 웃음소리 바람에 밀려가고
적막함과 쓸쓸함이 맨살을 드러낸 강가
언 땅이 북풍에 몸살을 앓고
나무가 숨죽이며 바람의 눈치를 보는 이른 봄
문득 들려오는 여울물 소리에 흠칫 놀라며
물길을 가늠하는 내밀한 결정체
가물대는 빛을 안고 몸부림치는 떨림
령을 곱으며 허물을 벗어 내는 수채
별빛 내리는 고요한 밤
물풀을 끌어안고 바라본 하늘은
여린 날개 부르르 떨며 삼키는 꿈
비행은 맑은 바람 따라 자꾸만 높아간다

2
어디로 갈까
그곳에 가면 기다림이 있을까
자라풀 부레옥잠 부들
강 언덕 코스모스에서 한숨 졸다
아이들 웃음소리 또르르 구르는
동구 밖 느티나무 뜰에 가보리라

하얀 홑이불 펄럭이는 장대 끝 부여잡고
뜰채 잡고 뜀박질하는 아이와
한바탕 놀아보리라
그리움이 자꾸 보채기라도 하면
구름바다 펼쳐진 지리산 천왕봉
하늘 맞닿은 그곳으로 날아오르리라

3
고공으로 내달린 밀월여행
유리알 같은 두 눈으로
하늘을 담아 물 위에 비춘다
가을바람이 빈들에 배회하고
여름내 보듬어 준
물맴이 빙긍빙글 도는 수면 위로
가늘게 휘어진 수초의 허리
그림자 길게 늘이며 잠긴다
물빛이 낯설어 날갯짓 숨죽인다
이제 차가운 바람이 불어오기 전에
저 따스한 햇볕이 멀어지기 전에
꿈을 심는 열정이 물속에 눕는다

호랑나비

호랑나비야!
검정색 하얀색
멋진 그물 무늬 옷 입고
나긋나긋 무릎에 앉은 연유는 무엇이냐
날개를 접었다 폈다
아래로 위로 거닐며
내 심장 소리를 듣는 이유는 무엇이냐

호랑나비야!
훨훨 날아든 꽃자리가 아프더냐
화려한 봄꽃이 벌써 향기를 잃고
씨앗을 만들어 너를 슬프게 하더냐
청초하고 도도한 가을꽃이
너를 외롭게 하느냐

호랑나비야!
이 높은 곳엔 어인 일이냐
그리운 님이 여기서 밤을 세웠다더냐

팔랑팔랑 다가오지 마라
나긋나긋 유혹하지 마라
긴 더듬이로 속삭이지 마라
저기 가을이 저무는 숲에 님이 기다린단다
날렵하고 우아한 자태로 님에게 안겨
살포시 나래 접으면 어떨까

황금빛 들판을 걸으며

어디선가 쟁쟁 울리는 농악소리
農者天下之大本 깃발은 어디로 갔을까
매연煤煙과 오수汚水에 취해버린 농무農舞
조각나고 패여 버린 들판에서 멈추었다
가뭄과 홍수에
논바닥에 찔러 놓은 우직한 농심이
하늘 향해 한숨 쉬다
황금빛 들판에서 빙그레 웃는다

농로 위로 벼 이삭 고개 내밀고
벼메뚜기 날갯짓이 포기를 누빈다
이 한철 오롯이 누려보는 그들만의 세상
여치도 메뚜기도 방아깨비도 한껏 뛰어보는 들판
좁은 논두렁길 오락가락 바쁘지만
허공에 훠어이 훠어이 저어보는 손놀림
동심이 나래 펴고 추억이 물길 열어
풀줄기에 엮은 메뚜기 어린 날 수채화에 그려본다
둑방길 잡초 서산마루 빛에 그림자 드리우고
해거름 갈바람이 서글퍼 부르르 소리치면
억새꽃 은빛 흔들림 고요한 도랑물에 스르르 드러눕고
아쉬운 듯 기웃거리는 마지막 석양 빛
저녁 어스름 물빛 안아 천지를 붉게 물들인다

제4부

바람과 빛의 흔들림

겨울 소나무

바람에 수런대는 가지 위로
푸른 빗살처럼 벼른 의지가
허공에서 묵은 잡념을 떨쳐 내린다
아프다고 외친 어제가
슬프다고 울던 어제가
바늘처럼 예리하게 꽂혀 와도
벼랑에서 듣는 물소리 노래가 되고
숲에서 듣는 새소리가 친구 되어
세월을 건너 빚어 낸 옹이가 빛을 발한다
속으로 곰삭은 넋이 이제는 향기로 남아
낙엽 덮인 오솔길 외롭지 않다

찬바람이 휘돌아간 자리에
여린 바람이 스멀거리면
빛을 보듬은 그림자 조금씩 길어지고
시시때때로 날을 세우던 해묵은 감정
삭정이처럼 훌훌 벗어 내리면
고고한 자태 파란 하늘에 투영되리라

지천에 연둣빛 물기 자욱하게 번지면
마주 보는 그윽한 눈길에 별이 뜨고
노란 송홧가루 날리던 기억을 찾으리라
수만 가지 꿈들이
골짜기를 지나 바람에 실려 간 그날은
오래도록 푸르게 푸르게 남으리라

겨울 숲 속은

산은 생명을 홍두깨질한다
땅속으로 환원하는 기운은
찬바람에 돌아누운 채
겹겹이 껴입은 낙엽 속에서
봄을 향한 뜨거움을 쏟아낸다
그물처럼 얽힌 마른 풀 아래서
아직도 초록 물기를 붙잡은 찔레는
계절을 잊은 듯 북풍을 밀어내고
빨간 눈망울에 응집된 정열은
스쳐 가는 새들의 울음을 품는다
뚝딱이는 딱따구리의 단조로운 리듬
온종일 메아리 되어 산속을 배회하다가
들녘을 건너온 포성에 놀라 침묵하고
나무를 파헤치던 열정은
짧은 겨울 해가 발갛게 풀어 놓은 노을 따라
산 그림자 발 담그는 그곳에 나래를 접는다

구절초

무성한 녹음을 바라보다
뙤약볕 성긴 틈으로
슬며시 처서에 묻어 온
서늘한 바람에게 길을 물어
억새풀 일렁임에 기대고
들길 모퉁이 개망초와 소곤대다
가녀린 몸짓으로 가을을 마중한다
바람이 머무는 자리에
지천으로 발을 내린 그곳에
아지랭이처럼 피어나는 보랏빛 그리움

옅어진 빛살이 시간을 저울질하고
먼발치에서
북풍이 들판을 건너올 때쯤
덤불처럼 얽힌 칡넝쿨 그늘에서
외로움이 뚝뚝 떨어지는
천길 아스라한 벼랑에서
이미 퇴색한 산야의 오색잔치
가녀린 몸짓으로 수런대다
초연한 의지로 가을을 배웅한다

눈 내리는 날

하늘 꽃이 내려서
낮은 곳과 높은 곳을 고르며
부드러운 손길로 세상을 조율한다
눈 내리는 그날은
해맑은 동심이 초대 받는 날
세상이 하나로 태어나는 날
만상이 고개 숙여 세례를 받는 날
마음을 돌려 세우던 이기심도
두텁게 쌓아가던 욕심도
발을 동동 구르던 일상도
백색의 고요 속에 침묵한다
아! 눈 내리는 그날은
골목마다 아스라이 추억이 내린다
해맑은 웃음이 나비처럼 나풀거린다
애절한 첫사랑의 기억이 내린다
아직도 은빛 나루터엔 기다림이 서성인다

바람과 빛의 흔들림에 서다

산마루에 걸린 바람 멀어진 빛을 안고
낮은 언덕 강가에 내려와 계절을 더듬는다
가을은 시간의 굴레를 벗어나고파
천지를 사색의 늪에 가두고
시시때때로 다가와 여린 몸 흔들어 놓는다
거부할 수 없는 이끌림에
어깨 기대고 팔 붙잡고 일어서다 눕는 춤사위
서러워 서걱대며 우는 날
푸른빛에 물들어 눈이 시리고
서쪽 하늘 발갛게 태우는 뜨거움에 목이 메인다

바라보는 강물에 그림자 비치고
빨갛게 홍조 띤 발끝이 간지러워
천천히 발자국 떼어 놓는 물길 따라 걸었네
외로워 우지마라 노래 부르는 길목마다
속속들이 박힌 그리움이 터지면
하늘 끝에 풀어 놓은 실타래 사랑인가 한인가
일제히 숙였다 일어서는 흔들림
바람이 다가와 서걱대는 날 강물이 보듬고
노을빛 내려와 쓰다듬는 날 하늘이 보듬어
아득한 허공에 소리치다 강물 되어 흐른다

북면 소싸움

모래가 알알이 숨을 죽인다
웅성거리는 목소리 나무 울타리에 갇힌다
청백의 기가 바람을 가르며 솟아오르고
거친 숨소리 고르는 콧김이 하얗게 핀다
무사처럼 떡 벌어진 골격과 육중한 무게감
누른 갑옷으로 무장한 투박한 걸음걸이
수많은 시선을 뚫고 모래판에 우뚝 선다
해동과 두환이라는 이름이 용트림한다
시간을 꿴 정성이 코뚜레에서 반질거리고
넓은 등짝에서 빛을 토하며 번들거린다
껌뻑이는 두 눈에 투혼의 의지가 서려있다
뿔과 뿔이 부딪힌다
머리와 머리가 맞닿아 뜨겁게 밀착한다
힘이 부풀어 오르고 빨갛게 부은 흔적이 아프다
뒷다리에 쏟아진 버팀이 모래를 깊게 파헤친다
육중한 흔들림이 동그란 모래판 위에서 빙글빙글 돈다
시간이 모래 속에 묻히고 긴장감이 날을 세운다
힘이 곤두박질친다

해동과 두환이 하나가 되어 솟아오른다
사람들의 소리가 하늘로 나른다
사회자의 목소리가 휘몰이 장단이 되어 숨 가쁘다
해동이 꼬리를 내리고 울타리 난간으로 돌아 나간다
모래가 알알이 수런대다 낮은 자리로 찾아든다
수많은 목소리가 가라앉는다
파란 하늘이 더 푸르다
두환의 등짝을 쓰다듬는 손길이 따스하다
환한 웃음이 가을 햇살처럼 퍼져나가고
다음 선수를 부르는 목소리가 모래판 위로 구른다

빛을 붙잡고 싶다

외줄 타고 곡예를 하던 시간이
이제는 멈칫거리며 석양을 바라본다
찬바람이 휘돌아 간 자리에
한 보따리 싸서 이고 진 삶이
어제처럼 오늘도 한 바퀴 돌아와서
지친 발걸음 앞에 눕는다
축축한 바람이 마른 바람에게 길을 열어 주면
어제 입었던 초록 원피스 위에
화려한 머플러 두르고 빈 뜰을 서성이다
마지막 몸부림처럼 계절의 빛을 붙잡고 싶다

오가는 발자국 소리마저 잊는 채
한 평 남짓한 내밀한 다락방에
가끔은 아무도 모르게 갇히고 싶다
열린 틈새로 곤두박질치는 빛과
우수수 내몰리는 잎새의 소리를
긴 장대 곧추세워 걸어두고 싶다
아직 잠들지 않은 어느 화가의 붓은
석양을 좇아 온 어스름 위에 닻을 내리고
채움과 비움이 풍요로운 사색과 포옹하는 지금
또 다른 채색을 꿈꾸며 저무는 빛을 붙잡고 싶다

새해 첫날

산맥의 정기를 담고
수평선 저 너머에서
천지를 붉게 물들이며
붉게 솟은 태양
생명을 아우르는 거대한 둥지
희망이 날갯짓하고
꿈이 부풀어 오르는 역사의 정점
심연을 꿰뚫는 전율의 경지
한 움큼 가득 쥐어보는
숨 막히는 불굴의 의지
역사 속에 뿌리를 내리는 미래
무한한 시공에 획을 긋는 첫걸음
희망!
환희!
충만!
그 둥근 빛 속에 가득하리라

의지

하루가 또 개울 하나를 건넜다
개울은 젖은 뒷문을 열어 두고 갔다
굳이 문고리를 잡고 열지 않아도 된다
발걸음만 떼면 그냥 밀려간다
바람에 강물에 세월에
어느 날은 의지의 날을 세우고
어느 날은 희망을 초대하며
너와 나의 해후를 기다리며 걷는 동안
수많은 메시지가 자그락거리며 발밑에 구른다
돌아선 골목길 끝에
미련처럼 뿌연 안개가 늘 자욱하다
그러나
바람이 머물다 간 자리에
아직 펴내지 않은 그리움이 가득하다
의지와 인내가 베틀에 실을 맨다
새털처럼 가벼운 천이 나래를 편다
그리하여 기다림을 홍두깨질한다
무거움이 옷을 벗는다
긴 파장 속으로 날아오른다

제5부 오후 세 시

기도

—산을 향하여

깊은 계곡은 들숨을 쉬게 하고
바람을 담은 숲은 날숨을 쉬게 하고
억겁의 시간을 끌어안은 바위는
인내를

바람이 불고
숲이 쉼터를 만들었다
미물들의 작은 움직임이
살아있음을 얘기하고
들꽃은 계절을 음미한다
삶과 죽음이 사열하지만
그 누구도 알 수 없다네

발자국 포근히 안아주고
거친 숨소리 말없이 들어주니
마음 저절로 누이고 싶어라
선과 악의 경계가 무너지고
인간과 미물이 동화된다
계곡은 들숨을 쉬게 하고
숲은 날숨을 쉬게 하고
열린 하늘엔 길이 보인다

몸살

세포들이 아프다고 궁시렁댄다
근육은 펴고 오므리기 싫다고 아우성치며
둥글게 바리게이트를 친다
관절은 녹이 슬었다고 보채고
이백 개가 넘는 뼈는 바람에 멍들었다고
창틈으로 새어드는 찬바람을 노려본다
심장은 먼 모세혈관까지 가는데 지쳤다고
붉으락푸르락 오르락내리락 날뛰고
머릿속은 피곤하다고 나른한 하품을 한다
맛을 잃은 미각은 쓴맛만 가득하고
말라버린 침은 먹을 것에 눈길도 안 준다
마음은 황량한 들판에 서성이고
생각은 괜스레 우울의 그네를 타고
과거와 미래를 들락거리며 널뛰기를 한다
물기마저 말라 버린 퀭한 눈은
머리맡에 놓인 약봉지에 머물고
생기 잃은 표정은 시간만 꾹꾹 씹는다

나는 걸을 것이다

나는 걸었다
향기 나는 꽃길도 아니었고
호젓한 오솔길도 아니었다
바람 부는 언덕도 넘고
울퉁불퉁한 자갈길도 걷고
푹푹 빠지는 진흙 길도 걸었다
입술이 짓무르고
코에서 단내가 나고
발이 부러 트도록 걸었다
때로는 그 분에게 매달리고
어느 날은 바다로 달려가고
또 어느 날은 산꼭대기에 올랐다

수없이 많은 길들이 펼쳐져 있어도
갈 길은 하나도 없었다
나의 길이 아니기 때문이다
삶에 나의 길은 오직 하나
가시밭길이라 하여도
천상의 길이라 하여도

결코 거부할 수 없는 나의 길
그 길 위에서
나는 물감 한 통과 붓과
연필과 하모니카를 들고 서 있다
어디에 무슨 색깔을 칠할 것인가
빛나는 곳도 있을 것이고
암울한 무채색도 있을 것이고
밝고 환한 무지갯빛도 있을 것이다

오늘도 나는 걷는다
달려가다 뒤돌아보다 멈추다 하며
그렇게 나는 걸어간다
아주 느린 걸음으로 천천히 천천히
보이지 않지만 그 길 끝에
무엇이 기다리고 있을지 모르기 때문이다
그게 행복일지라도
고통일지라도
오늘은 따사로운 햇빛을 가슴으로 안고
내일은 푸른 바람을 온 몸으로 느끼며

토닥이는 빗소리 들을 것이니
나 두 손 맞잡고 빈 맘으로 걷는다

나는 걸을 것이다
바람이 불어 내 길이
뿌연 모래바람에 휩싸이고
폭우가 쏟아져
길 한쪽이 허물어질지라도
앞이 보이지도 않고 갈 길이 끊어져도
용기 내어 걸을 것이다
세상에서 유일한 나의 길에
붓으로 황홀할 만큼 마음껏 색칠하다
지겨우면 나무 그늘에 앉아 하모니카 불고
여전히 할 말이 남아 아쉬우면
연필로 맘 활짝 열어 한 줄 글 남기며
그냥 묵묵히 걸을 것이다
지금까지 그래왔던 것처럼

물을 향한 기도

나직이 울리는 소리
태곳적부터 들려온 소리
어제도 오늘도 내일도
끊이지 않을 생명의 소리
내 안에서
네 안에서
아득히 들려오는 영혼의 소리
그물처럼 이어 놓은 길이여
쉬지 않고 달려온 맥이여

인내를
겸손을
유연함을
포용을
생명을
아침 이슬에 영롱하게 내리소서
내리는 비에 풍성하게 담아 주소서
메마른 대지에
메마른 가슴에
실핏줄처럼 흐르게 하소서

다 지나갔다

이것일까 저것일까
이럴까 저럴까
가늠하고 주저하는 그 길은
참으로 멀고도 멀었다
그토록 넓었던 세상의 창은 점점 작아지고
옹졸한 자아를 대면할 작은 틈만 보인다
그 틈을 가만히 들여다보면
지나온 시간들이 숨을 돌리고 있다
몸살 나던 청춘도
아이 낳고 살던 호된 시집살이도
고집스레 붙들고 있던 아집도
인생이 이런 것이냐고 울부짖던 날도
보이는 하늘이 너무 좁아
숨이 막힐 것 같다고 소리치던 순간도
지나온 시간의 뜰에 켜켜이 쌓여 있다
고집스레 붙들고 있던 영혼의 옷도
이제는 벗어버리고
삶을 덧칠한 무수한 색깔은

다시 하얀 무명천으로 표백하고
곤두박질치고 폭풍처럼 몰아치던 감정은
고요한 수면처럼 평정을 찾고
빼앗기지 않으려고 움켜쥐었던 것들
공수래공수거라 말하며 편안히 놓아 버리자
지나온 시간의 뜰을 바라본다
이제는 고요해졌다
다 지나갔다
이제는 다 지나갔다

마음이 머무는 숲

하늘과 땅이 손을 붙잡은 듯
시공이 하나 되는 숲
바람이 계절을 부르고
물의 노래 아득하게 들리면
서서히 깨어나는 생명의 기운

그리하여
눈부신 연록의 숨결이 지천으로 일렁이고
화려한 무희가 수놓은 듯 춤을 추고
푸른 노래가 물결처럼 출렁이고
기다림을 향한 절정이 발갛게 타오르는
수채화를 그리는 그대, 숲이여!

그대 품에 안기면
내밀한 자아의 울림이 들려와
일상의 정지 신호가 켜지고
그대의 속삭이는 얘기에 귀 기울이면
어린 동심이 기억의 문을 활짝 열고
잃어버린 그리움이 가슴을 두드린다

그대를 바라보고 음미하면
늘어가던 욕심의 무게는 적어지고
커져가던 미움의 옹이가 작아지고
부풀어 가던 고통의 부피 줄어들어
뻥 뚫려가던 맘 자리에
비움과 사랑과 평화가 자리한다

아!
그곳!
그 품!
깊은 호흡이 머무는 곳, 숲이여!
자굴산 치유 수목원이여!

먼 길 떠난 친구야!

이른 새벽 고요함을 뚫고
지르르 귓전에 울리는 진동음
쓰인 몇 줄의 글에 검은 그림자 밀려온다
이 세상 오는데 순서 있다 하더니
이 세상 돌아서는 날 순서 없다 하더이다
살아있음은 죽음을 전제로 한
자연과 나의 대면이고 공존이요
그들과 나의 어우러짐이고 조화이다
숱한 감정이 때로는 맑은 천심을 휘저어
울다 웃다 화내다 노하다
무엇인지 모르는 인생길 한복판에서 질식하기도 한다
그래도 험한 그 길을 일어서서 다시 걸어감은
생명의 고귀함이 주는 은총인지도 모른다

친구야! 너는 말할 수 없지?
아무리 궁금해 하고 놀란 새가슴이 되어
우왕좌왕해도 너는 모른 척할 거지?
무엇이 그리 급해서 서둘러 달려갔을까

그 무더운 여름의 땡볕이 걸음을 멈추게 했을까
어깨너머로 귓불 만지작거리는 가을바람이
빨리 가라고 떠밀어냈을까
검은 옷 입은 험상궂은 그 사람과 한판 격투라도 벌이지
그렇게 가자한다고 찍소리 한번 못하고
밝아오는 여명을 외면한 채 오들오들 떨며 끌려갔니?
아직 해야 할일이 많은데
다 가질 수 없어도 꼭 가지고 싶어
가슴속에 꼭꼭 숨겨둔 소중한 미래가 있었을 텐데
어이하여 그리도 갑자기
먼 길 마다치 않고 순순히 따라나섰더란 말이냐

친구야!
기왕 가는 걸음 멈추었으면
미련도 남은 애증愛憎도 다 버려라
움켜쥔 시간들이 많이 아팠고 무거웠을 테니
이제는 가벼워져 이 산 저 산
나비처럼 새처럼 훨훨 날아가거라

부디 울지 말고 아쉬워하지도 말고 분노하지도 말고
너무 일찍 가야 함을 억울해하지도 말고
다하지 못한 일들은 남은 사람의 업이고 몫이니
편안한 맘으로 가거라
너 머무는 곳 그곳은 종일 햇빛이 들고
잔잔한 새들의 노랫소리가 끊이지 않을 것이다
너 영혼이 뛰노는 누리는 영원히 평화로울 것이다
그러니 가는 길 서러워하지 말고
허허! 하고 크게 한번 웃으며 먼저 가 있으렴
언젠가 우리 거기서 만나 산에도 가고 술도 한 잔 하자구나

비 그친 뒤

파란 하늘이 보이네
하얀 구름이 떠가네
어디선가 새소리 들려오네
저 하늘에 내 마음 보내어
구름과 동무하고 싶네

포플러 나뭇가지에
걸어 두었던
재잘대던 동심도 찾아보고
뚝방길 걸으며
달에 새겨 두었던
사랑도 안아보고
강물에 띄워 보낸
삶의 흔적도 보듬어보며
그렇게 한바탕 구름과 놀고 싶네

봄 여름 가을 겨울

그때는 온 세상이
햇빛처럼 찬란했지
어디에도 어둠은 없었지
하얀 도화지에
개나리 진달래를 그렸고
맑은 시냇물 따라 달렸지
어둠이 어떠한지
저 길 끝 벼랑이 얼마나 높은지
거짓이 무엇인지 모르는 어린이였지

그때는 온 세상이
화덕처럼 뜨거웠지
짙은 녹음 아래 드러누워
언뜻언뜻 비치는 하늘을 보며
생각하고 또 꿈꾸었지
가뭄과 장마가 두려웠고
몰아치는 폭풍우는 정말 무서웠지
여러 갈래 길 앞에서 어디로 갈지
헤매고 또 헤매던 청춘이었지

그때는 온 세상이
오색으로 물들었지
바람은 서늘하고 하늘은 높았지
고개 숙인 씨앗이
튼실하게 영글은 열매가
풍요로움과 여유를 주었지
아직 노을빛에 물들지 않은
햇빛이 머문 산자락을 보며
차 한 잔 마시던 장년이었지

그때는 온 세상이
텅 비어버렸지
나목이 바람을 휘감고
소리 내어 울었고
소쩍새 우는 긴 밤을
눈덩이처럼 커가는 외로움으로
하얗게 밝혔지
삶의 옹이로 창을 긁고 또 긁으며
한 줄기 빛에 기대어
비움과 채움을 갈무리하며
한 줄의 글을 쓰는 노년이 되었지

빈 마음으로 가리라

가끔은 혼자가 되어
그냥 훌훌 일상을 던져 버리고
빈 맘이 되어
하늘 끝과 땅 끝이 맞닿은 그곳으로
초연히 떠날 수 있으면 얼마나 좋을까

흐르는 시간이
겹겹이 에워 싼 삶이라도
문득 댓돌 위에 놓인
오른쪽 왼쪽 구분 없는 하얀 고무신 신듯이
무의식의 편안한 발걸음을 떼어보리라

오랜 시간 곰삭아
희미해진 의식의 틀 지우개로 지우고
바람처럼 자유로이 떠날 수 없을까
풋풋한 소녀의 감성이 고개 숙이고
반나절 인생사 들쭉날쭉 황량한 들판 같지만
시작과 끝을 망각한 채 달려보리라

어느 날 문득
어린 동심이 몽글몽글
어리어 있는 소나무 동산과
연분홍빛 벚꽃 잎이
하얗게 휘날리는 교정이
한꺼번에 우르르
그리움 되어 소나기처럼 내리면
그때는 맨발로 달려가리라
아무것도 가지지 않은 빈 맘으로
빈 몸으로
무작정 달려가 뜨겁게 포옹하리라

세월

시간은 흐른다
강물처럼 바람처럼
결코 뒤돌아보지 않는 깍쟁이
미련도 없고 아쉬움도 모르는
끝없이 달리는 돌진의 전사

끝이 어딘지 아무도 모르지만
움켜 쥔 주먹을 펴고
닫힌 가슴을 열어젖히고
그렇게 훌훌 바람처럼 달린다

그 의연함에
비바람도 흠칫 놀라 돌아서 가고
차가운 북풍도 고개 숙이고
따가운 땡볕도 멈칫거린다

시공을 부여잡고
관객 없는 거대한 무대 위에

거품처럼 일어났다
연기처럼 사라지는 배우들

쏜 화살이 아프다 소리치지만
얼마나 먼지 얼마나 아득한지
억겁 위에 작은 점 하나
묵묵히 소리 없이 찍고는
도리질하고 손사래 치며
갈 길 멀어 허둥대며 매몰차게 달린다

세월이 간다는 것은

세월이 간다는 것은
나이를 한 살씩 먹는다는 것이다
나이를 먹는다는 것은
아픔을 알아가는 것이다
아픔을 안다는 것은
세상이치를 깨달아 가는 것이다
세상이치를 깨닫는다는 것은
익은 농주처럼 삶이 발효한다는 것이다
두려움과 외로움이 켜켜이 쌓이고
희로애락이 뒤범벅이 된
세상이라는 거대한 독 안에서
희망과 용기와 의지가 누룩이 되어
끓어오르다 가라앉으며
아주 천천히 발효하는 것이다
세월이 흐른다는 것은
잘 익은 농주 한 사발
명치끝 쓸어내리며 들이키는 것처럼
가슴 저 아래서
찡하게 고여 드는 그 무엇
말없이 깊게 한 모금 삼키는 것이다

촛불

작은 흔들림이 발갛게 일렁인다
작은 빛이 어둠을 붙잡는다
이미 소진되어 버린 의지가
서서히 온기를 입는다
그 빛에 간절한 외침이 숨어들고
가장 낮은 자리에 임하는 겸손이 두 손을 모은다
천상의 소리와
지상의 소리가 화합하는 열기가
때로는 작게 때로는 크게 흔들린다
아래로 아래로 향하는 빛은
천천히 원을 그리며 어둠을 품는다
마치 울부짖는 아이를 보듬는 어머니처럼
그 여린 빛은
그 부드러운 흔들림은
고요히 젖어드는 희망의 몸짓이다
깊은 내면으로부터 조금씩 싹터오는 의지의 날갯짓이다

소주

해맑은 표정으로 고요히 정좌하고 있다
부글부글 타오르는 분노인지
배신당한 울분 섞인 원망인지
외면할 수 없는 끈끈한 정인지
연인을 향한 애틋한 그리움인지
폭포수처럼 쏟아지는 절절한 사랑인지
생애 최고의 행복한 순간인지
말간 저 얼굴로는 도무지 알 수가 없다
무표정한 저 순수함에 입맞춤하는 순간
마치 오랫동안 알아온 것처럼
금방 내 심장 가까이에 다가와 소곤댄다

"나는 인생이다
희로애락이 질펵하게 범벅된 삶이다
나는 고요하고 해맑고 명경처럼 투명하지만
나를 찾는 이를 외면하지 않는다
나는 미묘한 감정의 결정체다
나를 대하는 이의 감정을 헤아려 그와 친구가 될 줄 안다

웃음이 되어 허허 소리 내며 아랫목처럼 따뜻한 날도 있다
꾹 눌러 숨겨 놓은 속내 훌훌 벗어 맨살 드러내는 날도 있다
길고 긴 암묵의 눈빛이 '짠!' 소리를 내는 순간 허물어지는 날도 있다
얄궂은 인생에 한숨소리 툴툴 털어내며 눈물범벅된 날도 있다
꿈결처럼 감미로운 사랑이 비단결처럼 출렁이는 날도 있다
내가 머무는 자리에 언제나 인생이 꿈틀댄다
꼼장어 집에도 삼겹살집에도 포장마차에도
바다에도 강에도 산에도 들에도 정자나무 아래도
어제도 오늘도 아마 내일도 나는 어떤 삶을 기다릴 것이다
수많은 감정이 말갛게 가라앉은 순수한 얼굴로"

숲을 향해

아무 말 하지 않아도
수많은 얘기를 풀어내고
누군가 붓을 들지 않아도
계절을 그려내는 그대여
나 그 자리에 머물게 하소서

몸은 나무처럼 강건하게
마음은 물처럼 편안하게
정신은 이슬처럼 맑게 하소서

분노는 그대가 바라보는 창공으로
이기심은 그대가 서 있는 흙으로
자람 없이 소멸하게 하소서

사랑은 그대의 그늘 아래서
인내는 그대가 보낸 시간 안에서
푸르게 싹트게 하소서

붕붕거리는 벌 소리로
팔랑거리는 나비의 날갯짓으로
이른 아침 지저귀는 새소리로
노동의 소중함을
생명의 신비로움을 깨닫게 하소서

그리하여 나 또한
그대의 품 안에 깃들어
한 시간을 하루를 편안하게 하소서

아득히 먼 길

길은 늘 멀고 아득하게만 느껴진다
햇빛 하얗게 쏟아져 내리는 긴 신작로를
어린 걸음으로 타박타박 걸어 보았는가
앞을 바라보면 아지랑이 피고
뒤를 돌아보면 두려움이 밀려오는 그 길
시작도 끝도 없을 것 같은 그 길
아! 얼마나 현기증이 나는지
갑자기 가슴으로 달려드는 외로움
그럴 땐 머릿속이 온통 비어 버린다

나뭇잎 하나 흔들리지 않는 바람의 공황상태
현실에서 멀어져가는 생각들의 몸부림
허공을 향한 두 눈엔 하얀 그늘이 드리우고
차가운 마루에 드러누워 마주하는 자아는
조금씩 사위어 가는 푸른 꿈이
행여 아득히 사라질까 애써 만지작거리며
차라리 길이 아닌 그곳에 서 있다

어릴 적 단숨에 읽었던 동화의 나라로 가볼까
애틋한 사랑을 그린 영화 속으로 빠져볼까

이미 신이 정해 놓은 내 인생의 밑그림에
내가 그려 놓은 삶의 조각들을 맞춰볼까
얼마나 어디쯤 어떻게 다가 와 있을지

얼마나 더 깊은 가슴앓이를 해야
온갖 삶이 밀려와 잠든 바다 같은 맘이 될까
얼마나 더 세월의 강을 건너야
수많은 웃음과 울음을 삼킨 파란 하늘이 될까
들꽃을 봐도 숲을 봐도
어디에서 무엇을 봐도
인고의 아픔 거미줄처럼 얽혀 있고
수행의 발자취 향기로 스며 있다

그 누가 가야 할 길을 외면할 수 있을까
그 누가 아프지 않고 쉬이 갈 수 있을까
아무도 가지 않은 새로운 길
혼자서 묵묵히 걸어가야 할 길
아득하지만 현기증이 나지만
멈추지 않고 가야 할 길은 오직 하나
햇빛 비치는 하얀 신작로 위에 내 그림자 드리워야 할 길

오후 세 시

어느 골짜기로 가야
생의 향기 맡을 수 있을까
어느 강으로 가야
생의 의미 건져 올릴까

어둠이 내리기 전에
아직도 쥐고 있는
땀이 밴 한 움큼의 씨앗
볕 드는 양지 녘에 뿌릴 수 있을까

지금은 오후 세 시
긴 그림자를 드리울 수 있고
저녁노을 기다릴 수 있고
밤을 기약할 수 있는 시간

그래서 너와 내가
차 한 잔 나누며
자정이 되기 전에

삶을 다독이고
서로를 보듬어야 할 시간

빛은 여전히 시간을 돌리고
시곗바늘은 끊임없이 째깍거리고
삶은 빛과 소리에 춤을 춘다

응시凝視

삶에 충실한 고독한 나그네가 되어
긴 시간 여행을 떠났다
현실 속으로 달려가
한바탕 온 육신을 바둥대며 움켜쥐어 보았다
아무리 살펴봐도 아무것도 남아 있지 않는 빈 망태기
아마 너무 듬성듬성 엮어 모두 흘러내렸나 보다
생각의 울림만 가슴에 남아 시퍼렇게 멍이 들었다

때로는 벼랑 끝에 서서 독수리의 비행을 응시하고
어느 날은 비 내리는 강가에 서성이며 무한의 바다를 응시하고
가끔은 뒤적이는 책장 속에서 선각자의
고개 끄덕임과 아니라고 도리질 치는 삶의 곡예를 응시하고
종종 계절이 바뀌고 시간이 흘러도
여전히 풋과일 같고 여물지 않은 밀알처럼 푸석하고
아직 질퍽한 진땀 한 방울 배어 있지 않는 밋밋한 삶을 응시한다

아직도 환하게 트인 길은 보이지 않는다
그러나 돌아서 바라보면 왔던 그 길 역시 아득하다

그저 앞만 보며 걸어온 발길 끝 흐린 시야 사이로
'아니야' 라고 외치며 손사래 치는 내면의 소리에 귀 기울인다
어렴풋이 빛이 스며든 작은 길이 보인다
깊은 호흡을 하며 신발 끈을 다시 묶는다
희미한 빛을 따라 서둘지 않는 묵직한 걸음을 떼어 본다
다시 촘촘히 얽어 다부지게 짊어진 망태기를 응시해 본다

조율

절제의 울타리를 넘어
활시위처럼
팽팽한 감정의 회오리
용암처럼 부글부글 끓다
화산처럼 터져 오른다
시커먼 연기와 분진이
남아 있는 빛마저 삼킨다

벼랑 끝에 내몰린 옹졸함이
배수진을 친 후
신들린 것처럼
이성과 감정을 두드리고
미움과 사랑의 그네를 탄다
마지막 보루처럼
악착스레 보듬고 있는
순수함마저 흔들린다

시소처럼 오르내리는
내면의 불협화음

말없이 꿀꺽 삼키고 또 삼키면
푸른 하늘 한 조각 드러나고
보이지 않던 강 하나 보이고
마음 길 또 하나 열린다

한바탕 춤사위 벌이던 이기심이
조용히 돌아눕는다
멀어져 갔던 빛이
흐린 시야 속으로 조금씩 비치고
아주 천천히 호흡을 고른다
가장 낮은 곳으로부터
조금씩 맑은 기류가 흐른다

침엽수! 그 품에 안기면

태양이 솟는다
바람이 분다
우주의 흔들림이
미세한 파장을 일으키면
숲은 오케스트라를 연주하고
나무는 깊은 호흡으로
시간을 갈무리한 향기를 품어낸다

그 향기 좇아 발길 옮기면
사열하며 기다리는
숲의 파수꾼 침엽수!
심연의 에너지 퍼 올리는 뿌리에
생명의 향기 품어내는 푸른 잎에
끊임없이 삶을 조각하는 투박한 줄기에
빛과 물과 흙의 담금질로 빚어진 사랑의 묘약
피톤치드, 테르펜의 향기!
그 향기 오롯이 스며 있는 오솔길 걸으면
눈은 마음의 창이 되고

마음은 호수처럼 고요해지고
가슴은 온돌처럼 따뜻해지고
신경은 능수버들처럼 편안해진다
숲이 마련한 음이온으로 옷을 갈아입자
숲이 드리우는 짙은 녹음에 드러누워
언뜻언뜻 비치는 하늘 한 조각 바라보자
순진무구한 어린이처럼 그 품에 안겨보자
머릿속 그을음 어느새 사라지고
갑옷처럼 단단한 스트레스 스르르 무너지고
칼날 같은 불협화음 사라지고
짓눌린 세포 하나하나 생기를 찾으리라

침엽수,
그대는 땅과 하늘을 이어주는 푸른 안테나!
그대는 늘 곁에 있어 주는 영원한 친구!
그대는 심신을 다독이는 숲의 치유사!

호수

너는 늘 고요하고 잔잔하다
깊고 맑아서 분주하지 않은 너를 마주하면
쉼 없이 끓어오르는 갈등과 갈증이 가라앉고
또 다른 하늘 하나를 안으며 맘 자리를 넓힌다
너는 늘 침묵하며 기다린다
바람이 내려와 꼬리를 휘감으며 저울질해도
이미 길을 묻어버린 너는 시간을 조율하고 숨을 고르듯
잠시 흔들릴 뿐 꿈꾸듯 또 다른 바람을 기다린다
너는 늘 그윽하고 섬세하다
어느 날은 물안개에 매달려 하늘에 다가서고
어느 날은 빛그네를 타고 금빛으로 왈츠를 추고
어느 날은 천지를 휘두르는 리듬을 보듬어 잠재운다
너는 늘 친구이고 연인이다
스멀스멀 그리움이 고이는 날은
스무 살 꽃띠처럼 홍조 띤 얼굴로 다가가
푸릇푸릇하고 여린 네 얼굴에 내 볼을 부빈다
삶이 팍팍해서 소리치고 싶은 날은
마디 굵어진 손으로 거침없이 너를 안고

툴툴거리며 소나기처럼 푸념을 쏟아내도
수십 년 지기 친구처럼 너는 말없이 받아준다
네가 화가처럼 그려내는 세상은
어제도 오늘도 내일도
담청색 물빛 위에 별과 달과 구름이 유영하고
계절을 반영하는 그림자가 너를 애무하고 있다
지금은 낙엽 구르는 소리가 너를 부르고
나목이 고개를 떨군 그 자리에 겨울이 맴돈다

하얀 봉투

떨리는 손으로
쓰다듬는다
그 하얀 빛에 감전된 듯
가만히 가만히
면사포 벗기듯 열어본 순간

그 안에
향기 고운 꽃다발 한 아름과
친정아버지 닮은 사랑과
선생님 닮은 가르침과
선배님 닮은 배려와
친구 닮은 따뜻한 정이
한꺼번에 와르르 쏟아져 나왔다

이 얇은 봉투 안에
어찌 이리도
많은 것을 담으셨는지
왈칵 쏟아지는 눈물

가슴으로 끌어안고
히얀 봉투 고이 접어
마음속에 간직하고
빨간 백일홍을 그려보고
하얀 무궁화를 그려본다

피정避靜

경계마저 허물어진 시공에서
바람이 불지 않는 무풍지대에서
침묵을 붙잡고 서 있습니다
그 누구도 소유하지 않으며
모두가 누리는 그때 그곳에
내 작은 사유가 머무르게 하고
성찰의 마음이 깃들게 하소서

너와 나의 뜰에서
우리의 울타리 안에서
날마다 빚어내는 갈등과
마음 속 깊은 곳에
똬리 튼 미움과 분노
숨조차 쉴 수 없는 무거운 고통을
묵은 각질처럼 조금씩 벗게 하소서

그리하여 그 자리에
엷은 분홍빛 살갗이 드러나고
희망을 해바라기 하는
연둣빛 싹 하나 키워내소서
살아있음이 행복하다고 말하는
어린 싹 하나 키워내소서

제 6 부

꽃게의 일생

10원짜리 동전의 비애

육십 년대 태어난 구리 빛 동전
어린 맘 불심으로 다독일까
다보탑 아로새겨 고사리손에 쥐어졌네
동네 점방 코흘리개 아이들 줄을 서면
싸아한 박하사탕 입안에 사르르 녹고
볼우물 불룩대며 풍선껌 씹는 입 배시시 웃는다

뙤약볕 가르며 질주하며 외치는 소리
"아이스케키 한 개 십 원!"
동네 꼬마 주머니에 달랑대던 십 원짜리 동전
안절부절 주저하다 땀에 젖어 달아난다
차갑고 달콤한 맛 입안에 가득 고여
송글송글 맺힌 땀방울 사라지면
빈 주머니 더듬는 손 허전하여 눈망울만 커진다

세월이 강을 돌아 또 강을 건너
동네 점방 사라지고 대형마트 늘어서자
노란 동전 추락하여 홀로 우두커니 외롭네
고사리손에 외면하니 갈 곳 몰라 헤매다

대형마트 금고에서 눈치 보며 기웃기웃
운 좋은 날 하얀 영수증과 나란히
댕그랑 소리 내며 지갑 속에 안길 때
무심한 손길 차가워 빙그르르 돌아누워 서럽다

어둡고 숨 막히는 지갑에서 쫓겨나
여기저기 구르다 침대 밑에서 여러 밤 보내고
까마득히 잊힌 채 서랍에서 몇 달을 지내다
대청소하는 날 빨간 돼지 속에 감금당했다
하루 이틀 수개월이 지나며 늘어난 친구들
알뜰한 아줌마 손에 이끌려 은행으로 왔네
행여 쓰임새 있을까, 어쩌면 외출 한번 할까
일용직 근로자처럼 연신 고개 기웃거린다
내동댕이쳐진 다보탑의 울음이 이제는 사라질까
불국사 마당 마주보던 석가탑이 손짓하며 웃어줄까

그분을 기리며

— 봉화마을에서

님이 머문 자리엔
아직 온기가 가시지 않았습니다
님께서 남겨 놓은 불씨는
민들레 갓털처럼 바람을 따라
마음에서 마음으로 소리 없이 전해져
꺼지지 않는 화롯불처럼
여전히 은은히 타고 있습니다

참이 무엇인지
진심이 무엇인지
정의가 무엇인지
진정한 자유가 어떤 것인지를
그 화롯불에 다가가 손을 펼친 사람은
울컥 치미는 뜨거움으로
저절로 알게 됩니다
고개 숙이지 않은 진정한 사랑이
무지개처럼 하늘과 땅에 다리를 놓았습니다

수많은 발자욱이 바람처럼 와서
당신의 온기에 기대고
묵언으로 마음을 부려놓는 것은
아직도 온기가 남아있기 때문입니다
아직도 불씨가 사그라지지 않아서 입니다
아직도 열정이 남아 있기 때문입니다
아직도 다하지 못한 사랑으로
이심전심의 그리움이 가득하기 때문입니다

길을 마름질하다

하늘 향해 울음을 터뜨리던 날
사주팔자라는 길을 부여받았다
그 길은 우주만물 속에 내재되어 있는
신비한 길 보이지 않는 운명의 길이다

뇌세포의 시넵스가 연결될 때마다
동공은 더 커지고 귀는 소리로 가득하다
보이는 것은 신비한 그림이었고
들리는 소리는 아름다운 음악이었다

무한한 길이 거미줄처럼 얽혀 있다
어린이었을 땐 도화지에 길을 그린다
사춘기 땐 일기장에 빼곡히 길을 쓴다
어른이 되었을 땐 생각의 뜰에 길을 설계한다

시간의 너울 쓰고 순수함은 떠나고
그 자리에 우뚝 솟은 현실의 탑이
평생 보험을 든 것처럼 든든한
거대한 길을 마름질하라고 재촉한다

마름질하는 기술이 없어
움츠리고 무모한 모험을 한다
연습이 없는 길의 마름질은
도전과 시행착오의 반복만 고집한다

멀어졌다 가까워지고 흩어졌다 모이는 길 위에서
나그네로 서서 설계를 지우고 변경하며
끊임없이 왔던 길 돌아보며 새 길 마름질하고
그 마름질한 길 위에 생을 풀어 놓는다

꽃게의 일생

1

밀물에 해풍의 그림자 안고
비릿한 갯벌에 굵직한 집게발 꽂으면
파도가 내려놓은 농익은 질퍽함이 부드럽다
기는 친구 뛰는 친구 숨는 친구와 비비적대다
전쟁 같기도 하고 살아야 할 동지 같기도 하여
취한 듯 옆걸음 걷다 달음박질치며 어울렸다

깊은 물살의 흔들림에 열꽃이 피어
수평선 향해 썰물 따라 나선 길
엉겨 붙은 시름 검푸른 물결에 풀어놓고
한바탕 끈적한 해후를 하며 환희에 젖던 날
떠밀려가고 떠밀려오는 평범한 일상이
뜬금없이 폭풍우 만난 듯 뒤엉키고
과거와 미래 단절되고 그물에 걸린 현재
어이하랴 어찌할꼬 마음만 갈팡질팡

푸슬푸슬 톱밥가루 낯설어 집게발 오그라들고

더운 열기 숨 막히고 마른 몸 푸른 물이 그립다
차고 딱딱한 금속의 우악스럽고 육중한 압력에
용감하게 휘두르는 집게발도 꼼짝 못하고
예리한 두 눈마저 감기우고
에워싼 등딱지 무게 버거워 몸부림친다
검은 봉지에 감금당해 부스럭 소리치며
숨 막혀 탈출을 꿈꾸며 수없이 발버둥 쳤지만
깡마른 시멘트바닥에 한 바퀴 빙그르르 돌아
하늘을 바라보며 벌러덩 나동그라졌다

2

숨죽이며 그네 타다 멈춘 아줌마 집
주방 구석에 한참 내버려 두더니
삐죽삐죽 나온 가는 실뭉치로 빡빡 문질러
콸콸 쏟아지는 밋밋하고 낯선 물로 목욕시키더니
등 위에 딱딱한 내 집 움켜쥐고 뜯어내고
내 발 닮은 가위로 자존심 집게발 싹둑 자르고
바다 속 누비던 부챗살 발도 자르고

네모난 딱딱한 나무 위에 올리더니
급기야 시퍼런 빛을 띤 길쭉한 칼로
무자비하게 나를 네 조각내었다
형벌처럼 톡톡 쏘고 독특한 향이 나는
빨간 수렁에 빠뜨려서 차곡차곡 쌓아 찬 곳에 가뒀다

이제는 운명이라 받아들일 수밖에 없다
살아보려고 달아나려고 아무리 애써도
낯선 곳 너무 멀리 와버려 헤어날 길이 없었다
오래오래 기억할 것이다
내가 활기차게 유영했던 드넓고 깊고 푸른 그곳을
잊지 못할 것이다
온몸으로 나뒹굴며 숨 가쁘게 옆걸음 걸으며
숨바꼭질하며 놀았던 친구들 모습을
어머니 품속처럼 부드러운 갯벌의 향기를

나이테

물오름에 기지개 켜고
포효하는 폭풍에 몸살 앓고
메마른 가뭄에 긴장하며
마디마디 관절마다
성장 통을 앓는 나무

하늘로 푸름을 펴 올려
청춘을 불사르고
사랑으로 알알이 영근 씨앗
대지의 정령에게 물려주고
시간을 갈무리하는 나무

계절마다 토해내는 열정을
해마다 쌓은 생의 굴곡을
천년을 꿈꾸는 희망을
남쪽은 두껍게 북쪽은 얇게 그리며
등고선으로 나이를 세는 나무

나무

그대
하늘 향해 무엇을 말하는가
그대
바람을 불러 무엇을 이르는가

아래로 아래로
깊은 심연 미로를 헤매며 다다른 곳
푸른 꿈과 뜨거운 정열이
거기 있었더란 말이냐
그 꿈이 하늘 위로 치솟아도
그 정열이 화산처럼 부풀어도
영원히 안으로만 꾹꾹 삼키는
그대 이름은 나무!

그대는
철마다 길고 짧게 고통을 치러야
비로소 동그란 옷하나 더 껴입는
인내의 전사가 아니더냐

그대는
세상이 바뀌고 이웃이 달라져도
모두가 사라진 동네 어귀 그 자리에
의연히 서 있는 터줏대감이 아니더냐

수없이 찾아드는 바람의 유혹
작은 몸짓 파르르 잎새에 일고
큰 몸짓 우지직 가지를 흔들어 찢어도
긴 시간 속에 아픔이 온 몸을 휘감아도
절정을 꿈꾸며
끝없이 내면의 소리를 키워내는
그대 이름은 나무!

놀이터에서

고사리손 잡고 동심 불러 따라간 곳
모래 속에 개구쟁이 손장난이 꿈틀거리고
잔디밭에 종종걸음 공 쫓아 오락가락
어린 마음 풍덩 뛰어드는 놀이터
미끄럼틀 계단이 이리도 가파를까
아무리 가도 닿지 않는 꿈꾸는 인생이 저 위에 있을까
무릉도원 바라듯 올라가 서 보니
반들거리는 고속도로마냥 아래로 쭉 뻗은 길
어깨 위를 누르는 무거운 짐 벗어버리듯
움켜쥐었다 무심코 놓아버린 보이지 않는 끈
횡하니 내려간 발밑에 모래성이 있었구나

시소 위에 앉은 너와 나 인연일까 운명일까
차라리 너와 나 줄다리기 그만하고
안정되고 편안한 수평을 유지하면 어떨까
무게중심 찾으려다 이 눈치 저 눈치 보게 되네
네가 무거우면 내가 더 달아나야 하고
내가 무거우면 네가 더 멀어져야 하니

너와 나 참으로 가깝고도 먼 당신인가
너무 많이 가지고 달려왔나 돌아보니
내 맘속에 아직 온갖 잡동사니가 부글거리고
내 눈은 맑은 창이 아니라 뿌옇기만 하구나
툴툴 털어내고 가벼워지면 네가 소리 없이 다가올까

흰머리 휘날리며 바람 속에 모두 날려볼까
춘향이 이도령의 눈웃음이 매달린 그넷줄에
살아온 인생살이 매달아 보니
너무 무거워 고개 절레절레 흔드는구나
몇 굽이돌며 질질 끌던 신발도 벗어 두고
몇 년 묵은 낡고 빛바랜 외투도 벗어 버리고
온몸에 칭칭 감긴 체와 척도 뒤안길에 묻어두니
가벼워진 그넷줄이 창공으로 날아오르네
푸른 바람 가르고 꿈꾸듯이 다다른 곳
해맑은 동심이 까르르 웃고 있는 동네 앞 놀이터
아이들 웃음소리 훨훨 날아 산마루에 이르네

덤프트럭과 포클레인

비가 내리는 날은
오랜 벗처럼 낙동강이 보고 싶다
남쪽 습한 바람이 구름을 몰아간다
산봉우리에 드리운 검은 물기가
솜털처럼 하얗게 퍼져 강물 위를 떠간다
엎드려 포복한 낮은 둑 하나가
삶의 터전과 누런 황토빛 물줄기를 갈라놓았다
이른 아침 흩뿌리는 비는
너덜너덜 파헤쳐진 하구공사장에
걱정과 서두름을 한껏 부려놓았다
바삐 오가는 덤프트럭이 긴장한다
하나 둘 셋…… 세어 본다
서른 대여섯 대가 밀집해서 오간다
좌우로 시선을 돌리자 또 눈에 띈다
다시 하나 둘 셋……
오십 대가 넘는 덤프트럭이 줄을 잇는다
쉴 새 없이 기다리고 가고 온다
노랑과 주황의 포클레인이

좌우 앞뒤로 팔을 휘둘러
우람한 덩치에 쉴 새 없이 모래를 퍼 담는다
하나 둘 셋…… 세어 본다
파고 헤치고 퍼 담는 그들은 열다섯이다
덤프트럭과 포클레인은 짝꿍이다
지금 이곳은 아마도 어디가 아픈가보다
여느 때보다 많은 그들이 분주하다
많아진 구름이 서두르라고 재촉했나
내리는 비가 파놓은 흙을 쓸어가려고 했나
맨살처럼 속을 드러내고 허물어진 강어귀
서걱대는 갈대도 악착스런 잡초도 간 곳이 없다
내일 모레 글피……
강은 언제 다시 푸른 옷을 입을까
시간의 바퀴 위에 무거운 덤프트럭의 바퀴가 구른다

도심의 외곽지대

1. 멀어진 도심은 아득하기만 하구나
시간을 쌓아 겹이라 이르던가
강물에 밀려온 모래 수많은 세월을 빚어
고른 대지 마련하고 하얀 길 하나 열어 두었네

2 . 흙냄새 코끝에 맴도는 하얀 은빛 모래길
밭두둑 끼고 돌아 늪에 이르니 또 다른 세상인가
꽃으로 단장한 언덕배기 이름 모를 풀들
오월 싱그러운 향기에 팔색조처럼 물드네

3. 향긋한 송화 냄새 그리울까 완두콩 얘기 궁금할까
누런 보리밭 종달새 고향 그리듯 노래하고
이 나무 저 나무 둥지 튼 온갖 새들의 날갯짓
이제는 텃새라고 우짖으며 부리를 쪼아댄다

4. 낮은 바람 자는 곳에 묵은 갈대 꼿꼿하고
푸른 새잎 솟아올라 갈색대 옹호하니
하늘 향한 몸부림은 솟구치는 갈망인가
서걱대는 잎의 노래 강기슭에 스쳐 우네

5. 머릿결 풀은 수양버들 휘늘어진 여린 몸매
치렁치렁 개울물에 고개 숙여 살랑이고
빽빽이 누워버린 수초 사이 엷은 빛 반짝이고
울음주머니 부풀린 개구리 애타게 짝을 부른다

6. 세파에 떠밀려 갈 곳 잃은 나그네인가
남쪽바람이 밀어내어 오갈 데 없는 둥둥 먹구름
갈 곳 몰라 빙빙 돌다 산마루에 자리 잡자
하늘 마주한 능선은 첩첩 병풍 수묵화를 그려놓네

7. 아! 하늘과 땅의 합창이 저 산까지 닿으려나
무엇이 그리우랴 누가 보고프랴
비좁은 속 헤집는 낡은 거푸집 같은 그리움은
뱀처럼 휘감아 도는 강물 따라 바다로 향한다

8. 허허벌판 둑 하나를 사이에 둔 도심의 외곽지대
포슬포슬한 모랫길 따라 수많은 생명은
늪에서 숨 고르고 강 언덕에서 노래 부르고
대지에서 뿌리내리며 미래의 씨앗을 품는다

9. "나 여기 살아 숨 쉬노라" 외치는 소리
대지에 숨어 희망으로 숨 쉬는 소리
정녕 생명의 본향은
사람의 발길 닿지 않는 외곽지대 그곳이어라

*팔색조(八色鳥)_ 무지개와 같은 7가지 색상의 깃을 가지고 있는 데서 새 이름이 유래되었고 종(種) 자체를 천연기념물 제204호로, 경상남도 거제시 동부면 학동리의 팔색조 번식지를 천연기념물 제233호로 지정하여 보호하고 있다.

동안의 뿌리는 동심이다

무척이나 짧아진 하루해에 서성대는 맘
마루 안으로 쑥 들어오던 햇빛이
따스함을 바라는 맘을 놀리듯 뜰 밖으로 밀려가고
어영부영하다보면 이내 집안에서 햇빛 구경은 힘들다
으스스 밀려드는 추위로 창문 틈에 눈을 흘기지만
스치는 바람소리에 줄곧 배회하는 맘은
창밖으로 내달리는 공허한 눈빛이 되어
찬 북풍을 예감한 흔들리는 나뭇잎처럼 초조하다
천 리라도 무심코 날아가고픈 속절없는 방랑기
횅하니 뚫린 중년 여인의 고뇌는 푸르게 멍들어 간다
애꿏은 티비 리모컨은 손에서 미끄럼을 타고
아침마당 진행자의 환한 미소와 맑은 목소리가 낯설지만
"십년을 젊게 사는 방법" 이란 말이
화살처럼 날카롭게 뇌리에 꽂힌다

살아온 세월이 무색하리만치
훨씬 젊고 아름답게 보이고 싶은 욕망은
도심 곳곳 빌딩 숲에 성형외과를 줄 세우고

자연미인과 성형미인을 줄다리기 시킨다
날카로운 칼이 얼굴과 눈에 거침없이 스치고 지나면
부모님이 주신 모습은 온데간데없고
앙증스럽고 인형 같은 낯선 얼굴이 거울 앞에 서 있다
그래도 좋다
예뻐서 아름다워서 십 년 젊어 보여서 신난다
직장에서 친구들 속에서 '예쁘다' 소리 춤을 추고
못난 나는 사라지고 잘난 내가 웃고 있다

덕지덕지 붙은 욕심이 눈가에 매달리고
아무리 잠재워도 부리나케 깨어나는 이기심이
순하디 순한 양심 위에서 쾅쾅 굴려대고 있다
사람의 표정은 마음을 담아낸다고 하지 않았던가
동안의 뿌리는 동심이라고 하는데
맑고 순수한 표정과 수정처럼 맑은 눈은
어린 시절 놀이터에서 찾아올까
묵은 얼룩이 사라진 맑은 얼굴은
꿈을 가진 청춘 시절에서 찾아올까

마음의 고름은 의심이고
마음의 기름은 욕심이고
마음의 주름은 근심이라고 하는데
불신과 불만과 불안은 강물에 흘러 보내고
감사와 봉사와 찬사는 샘물처럼 퍼 올리자
부드럽고 자상한 영혼의 유연성으로
맘을 푸르게 하여 동안의 뿌리를 내려 보자
살아있다는 것은 부드럽고 따뜻한 것이다
빛과 물과 흙이 생명을 잉태하듯
빈 마음 뜰에 동심을 심고 동안을 키워보련다

바다에 잠든 영혼

은빛 물결만 하늘 바라보며 춤출 뿐이네
아무런 선도 점도 없는 바다의 경계선
새벽안개 헤치며 달려나간 어선은
바람 따라 파도를 가르며 만선의 꿈을 가득 싣고
갈길 잃고 헤매다 꿈까지 바닷속에 묻을까 두렵구나
마주 보는 그곳은 나와 닮은 혼이 숨 쉬지만
갈 수도 닿을 수도 없는 단절된 사각지대
어이하다 두 동강 난 땅덩어리 아프기만 할까

몇십 미터 해저에서 아직도 떨고 있을 영혼들
하늘 끝에 닿기나 할까 절박한 그들의 목소리
깊은 숨 몰아쉬다 영혼의 끈마저 놓아버렸구나
애끓는 부모 맘에 혼이라도 달려와 안길 것인가
검푸른 바다도 무심한 갈매기도 말이 없어라
천 길 물길 속 암초였던 이념의 가시들
그 뾰족한 가시에 푸른 싹이 돋을 날 있으려나

한바탕 할퀴고 간 상처 누가 쓰다듬어 줄까
잔인한 먹구름은 아직도 빙빙 돌고

끝나지 않을 장맛비처럼
어느 날은 폭우로 어느 날은 이슬비로
묵직하게 젖은 바람이 되어 폐부로 파고든다
답답한 가슴 휴우 쓸어내리고
온 세포를 다시 일으켜 햇빛 속으로 달리고 싶다
푸른 하늘 향해 훨훨 날아 보고 싶다
언젠가 멀어져 있던 그 길 다시 열리고
잠겨버린 영혼이 환하게 웃는 날
그 검은 땅에 하얀 웃음 한바탕 쏟아보리라

* 서해5도 지도를 보다 문득 지난 일이 생각나서 적어본다. 너무 빨리 기억 저편으로 묻혀가는 그들.

오늘

오늘은
어제이고 내일이다
바다의 모래알처럼
밤하늘의 별처럼
헤아릴 수도 셀 수도 없는
무한과 무상이다

오늘은
인생이란 화폭에
열정으로 스케치 되고
정성으로 채색되지 않으면
바람처럼 흩어지고
강물처럼 흘러가는
텅 빈 시공일 뿐이다
다만 스스로
사랑으로 보듬고
어루만질 때
비로소 오늘이 된다

오늘은
인생이란 베틀의
씨줄 날줄이다
마음 밭에 심은
한 그루 나무이다
편도밖에 없는
인생의 차표 한 장이다

할머니와 현금카드

정오의 햇살이 은비늘처럼 반짝이는
미니은행이 자리한 아파트관리실 입구에
휜 허리 세우지도 굽히지도 못함은
지나온 세월이 굽이져서 그럴까
얼음처럼 차가운 세상이 낯설어서일까
두리번거리는 눈빛
오가는 시선을 붙잡는 애타는 시선
높은 담처럼 우뚝 서 있는 은행시디기에
간절하게 머물렀다 일어서는 동공
할머니의 주름진 얼굴에 웃음이 서리고
가늘고 까칠한 손에 들려진 통장과 카드
얇은 홈으로 쑤욱 빨려 들어가는 카드
할머니 이것 눌러보세요 그리고 다음엔……
할머니 비밀번호 눌러보세요
망설임 없이 검지로 ****누른다
모든 게 멀고 험한데
오직 네 자리 숫자는 가깝다
지폐 열 장 지갑에 꼬옥 넣은 후

통장정리 찌익 찍 탁탁탁……

할머니 ○○만 원 남았어요

통장과 현금카드 소중하게 꼭 챙겨 넣으시고

찬 시멘트 바닥에 쪼그리고 앉으셨다

자꾸만 달려가는 시간을 붙잡고 계실까

따사로운 양지 볕에 외로움을 말리실까

문명의 벽 안에 갇혀버린 하얀 백발을 세고 계실까

카페! 그곳에 가면

보이지 않지만 향기 나는 그곳
저마다 채색을 하고 멋을 낸다
여기 갈까 저기 갈까 망설이다
한 줄 메모방에 들어서면
반가운 인사 가슴을 두드린다
시가 있는 방에 가면
은은하고 감미로운 차향이 스며
아련한 옛사랑이 일렁이고
수필 방에 들어서면
따스한 온돌방처럼 포근하고
풋풋한 삶의 향이
웃음으로 눈물로 피어난다
갤러리에 들러 수채화도 감상하고
음악 방에 들러 올드 팝송
애잔한 리듬에 추억에 젖는다
이 방 저 방 다 돌고 나면
맘속 그을음 사라지고
넓은 세상을 여행하고 돌아온 것처럼
세상의 길 낯설지 않다
카페 그곳에 가면
묵은 먼지 훨훨 털어 내고
샘물 길어 올리듯
사랑과 우정 한 두레박씩 퍼 올린다

제7부
하얀 제비꽃

고향

들판을 가로지르던
기적소리 들려온다
선악을 가르치던
성당의 종탑이 보인다
아이들 웃음 까르르 구르던
운동장이 보인다
포플러 나뭇잎 파르르 떨던
하얀 신작로도 보인다
보랏빛 구름처럼 일렁이던
자운영 둑길도 보인다
이끼 낀 돌 축대 높은 마당에
감나무 두 그루가 보인다
채마밭과 부엌을 오가는
어머니가 보인다
근엄한 아버지의 기침소리
골목길 저쪽에서 들려온다
추억 한 아름 안고
푸르른 용두산이 달려온다

책상 위로 살며시 다가오던
그 얼굴이 아련하게 떠오른다
'그 집앞' 노래를 부르며
별빛 따라 오갔던 그 길이 보인다
이제는 해묵어
그물처럼 성긴 그리움
작은 바람에 흔들리고
시간의 화살에 쫓기어
이미 얕아져버린 기억의 우물
그래도 그래도
그 우물에 내리는
낡은 두레박 소리에 가슴이 젖는다
닳아 버린 붓으로
좁아진 골목길 사라진 뜰
그때처럼 발갛게 타오르는
노을빛 하늘을 그린다

그때 그곳 그대로 있을까

1

파르라니 떨려오는 생각이
빈 사색의 울림통에서 맴돌다
하나 둘 물구나무를 선다
시간의 들판을 뒤돌아 뛰어가면
그때 그곳 그대로 있을까
먼 둑방길에 어린 걸음이 보챈다
천둥번개 달려와 흩뿌린 소낙비 맞으며
고무신 움켜쥐고 미끄럼 탔던
흙탕물 도랑 그때 그곳 그대로 있을까

2

종이처럼 구겨진 연잎
꼿꼿이 선 채 알알이 영근 까만 연밥
날렵하게 물매암치던 소금쟁이
물풀 얽힌 틈새에 성글게 별을 수놓는 말밤*
그때 그곳 그대로 있을까
동그마니 움츠린 호기심 꼼지락대다

어른거리는 수초 사이로 자맥질하면
바짓가랑이 흠칫 스치는 차가움에
오소소 떨던 그때 그곳 그대로 있을까

3
들판을 휘돌아 배회하던 기적소리
초록빛 언덕 물들인 자운영 꽃물
소 울음과 뒹굴던 또래의 재잘거림
어스름 해질녘 석양빛 발 담그던 개울
그때 그곳 그대로 있을까
유년의 뜰에 울려대던 깡통 소리
기억의 잔영에서 온종일 달그락거린다
장독대로 울타리로 나무 위로
숨바꼭질하던 그때 그곳 그대로 있을까

* 말밤_ 마름을 일컫는 강원, 경상, 충북 지역 방언.

그리운 어머니

―어버이날에

초록의 향연이 펼쳐지는 오월!
아카시아 하얀 꽃이 주렁주렁
그 진한 향기 나뭇잎 사이로 출렁이면
어린 시절 해맑은 추억이 가슴을 툭툭 친다

천국으로 가는 길일까
동화 속으로 가는 길일까
초록빛으로 물든 언덕 오솔길을
풀내음 흙내음 아카시아향 맡으며 한달음에 올라서면
먼 데 철길이 아득히 보이고
끝없이 넓은 들판엔
보리순이 푸른 물결로 넘실댄다

들판을 보듬은 긴 강둑엔
보랏빛 자운영 꽃이 융단처럼 펼쳐있고
강둑 따라 철길에 이른 긴 개울엔
넓고 둥근 연잎의 군무가
바람결에 물결 따라 신비한 초록빛을 흔들어 댄다

그 아련한 추억을 좇아가면
우리 집 마당 가득 메운 듯한 커다란 감나무 두 그루
새벽이면 하얀 눈처럼 내려앉은 앙증맞은 감꽃
잠 깨우는 어머니의 목소리가 들리면
부시시 눈 비비며 긴 목걸이와 팔찌를 두른 예쁜 공주가 되곤 했다

눈부신 햇살이 마루 끝을 내려와
마당에 하얗게 부서지는 한낮
이름 모를 까만 약초가 멍석 가득 널려 있었고
머리에 하얀 수건 두른 분주한 어머니의 모습이 아려온다
학교에서 돌아오면 우윳가루와 옥수수 가루로
두꺼운 가마솥에 쪄 주셨던 빵!
고소한 맛이 입안에 감돈다

못내 그리워도 "엄마!" 라고 소리 내어 불러 볼 수 없는 지금
그리워서 맘으로 수없이 불러본다
내게 친구 같으셨던 어머니!
어느 해 겨울 유난히도 찼던 내 두 손을 꼭 잡고

얼굴에 부벼주시다 속옷 속에 가만히 넣어 녹여 주셨는데
그 따스한 온기가 지금도 내게 전해지는 것 같다
난 따스했지만 어머닌 얼마나 차가웠을까

아기 예수님 오시기 이틀 전
김장하느라 배추 절여 건져 놓으시고
열두 번도 더 손가는 양념 버무려 놓으시고
뭐가 그리도 바쁘셔서 먼 길 서둘러 가셨는지
돌아올 수 없는 아득한 먼 길로

그리움만 추억과 함께 가슴에 묻어 주시고
어찌 그리도 멀리 가셨는지!
그 따스하고 포근한 품에 다시 안겨 봤으면
그 다정하고 부드러운 목소리 다시 들어 봤으면

수제비

아궁이에 노란 보릿짚
타닥타닥 아우성
어머니 손길이 바쁘다
둥글게 뭉쳐진 밀가루
물에 적신 손가락 끝에서
얇게 펴져
스르르 낙하하는 수제비
펄펄 끓는 멸치 육수
하얗게 일어나는 수증기
발갛게 타는 아궁이
되돌아오는 매운 연기
흐르는 구슬땀과 눈물의 범벅
여름 뙤약볕 마당에 가득하고
그늘진 마루 위에 내리는 오수
한낮의 고요를 깨는
아버지의 수제비 타령에
어머니 행주치마 펄럭인다

내 마음이 걷는 길

호수를 바라보는 사람은
초조해 하지 않는다
그 고요함이
파도치는 마음을
달래고 얼러
고요하게 만들 테니까

가을 들판을 걷는 사람은
절망하지 않는다
봄이 오면
낮은 목소리를 내며
싹 틔우고
빈 들녘 가득 채울 테니까

작은 것에 만족하는 사람은
욕심내지 않는다
맘 그릇에
무엇을 담아야 할지 알기에

겨자씨만한 기쁨도
소중하게 간직할 테니까

꿈을 꾸는 사람은
목마르지 않는다
그 맘 뜰에
한 그루 나무와
마르지 않는 샘이 있어
오래 동안 푸를 테니까

사랑을 품은 사람은
외로워하지 않는다
온돌방처럼 따뜻해서
차가운 두 손
마주 잡아 줄 테니까

말 배우는 아이

하고 싶은 말들
가슴에서 보글보글
눈빛으로 하는 말
입가에서 오물오물
아무리 외쳐도 동그란 입속에 숨은 말
머릿속을 한 바퀴 빙돌아
울려 나오는 고유한 소리의 진동
엄마 귀에 쪼르르 달려와 머문다
애타는 엄마 마음
해맑은 아이 동공에 이슬처럼 고이고
하고픈 아이 말들 온 몸에 조랑조랑 매달렸네
언젠가 열 달 동안
어둠 속에서 나누었던 무언의 대화가
무의식을 가르고 눈빛 속에 다다랐을까

우물우물 어물어물
아이 입술에서 한 고개 두 고개 넘은 말
표정과 동작 속에 리듬으로 맴돌아

메아리처럼 뱅뱅 돌아
아이 맘과 엄마 맘에 오락가락
이슥고 엄마 눈빛에 통역된 아이 말
아이의 웃음 속에 담긴 정확한 통역
가슴속 답답함을 밀어낸 자리에
또 다시 고여 드는 숱한 말들
어린 꿈이 자라는 아이만의 말
낯설음도 두려움도 없는 소리
어느 날 문득
누구나 알아듣는 말로서 다가오리라

쑥! 그 쑥

형형색색 연둣빛 초록빛
화려한 꽃 분홍빛 하얀빛
눈부신 햇빛!
살랑대는 바람!
숲은 축제를 벌인다
숲의 내밀한 얘기는
털어놓고 싶은 비밀은
봄 마중하는 전령들의 속삭임일까

소꿉동무 손잡고 뜯은 쑥
지푸라기 반 쑥 반
향긋한 쑥국 되어 밥상에 올랐다
언니 손에 이끌려
밭 언덕에 올라 뜯은 쑥
하얀 가루 범벅되어
쑥털털이 간식되어 배고픔 달랬다
엄마랑 마주앉아
채전 밭에서 도란도란 뜯은 쑥

알뜰살뜰 곱게 말려
쑥떡 되어 긴 겨울밤 간식 되었다

바위틈새 언덕 아래
마른풀 헤치는 손놀림
한 움큼 뜯은 쑥!
한 바구니 가득 찬 쑥!
향긋하고 구수한 쑥국 한 냄비
쌉스름하고 달콤한 쑥털털이 한 쟁반
쫄깃쫄깃 고소한 쑥떡 한 접시
그림처럼 떠오르네
손끝에 까만 쑥물 들이며
봄향기 쑥향기 한가득 담아오네

어머니 가신 날

바람이 분다 찬 겨울바람이다
서른두 번째 맞는 울 엄마 가신 날
스쳐 우는 바람소리
그 산언덕에 슬픈 노래되고
다하지 못한 사랑과 그리움은
산으로 메아리치고 강물로 아우성치고
굽이굽이 사무치는 삶의 애환들이
긴 세월 멀리하고 가슴으로 다가오는 날

목 놓아 토해야 할 커다란 바윗덩이
시간이 흘러도 부서지지 않아
여전히 무겁기만 한데
세월의 강 언저리에 가만히 내려놓으시길
오그라지던 심장이 겹겹이 조여들어
가슴이 터질 것 같은 순간에도
놓지 못한 질긴 인연들
이제는 편안히 다 놓아버리시길

슬픈 비바람 흩날려 맘에 머무르고
요란한 지하철 소리마저 아득한데
얇은 우산 한 조각으로 찬바람 비 가린 채
어머니께 드릴 하얀 국화꽃 한 다발
아픈 가슴으로 안고
시린 손으로 어머니 손 맞잡아 본다
어머니의 온기와 따스한 미소가 전해진다
맘이 하얗게 비워진다

어머니와 빨래

길 잃은 겨울 강은
하얀 옷을 입었다
딱딱하게 굳은 얼굴이
맑은 유리처럼 투명하다
빛이 쏟아진 자리에
푸른 물빛이 감돌고
조금씩 벌어진 틈새로
하늘이 내려와 잠긴다
우물처럼 동그란 웅덩이에
단발머리 소녀가 기웃거린다
멀어져간 빨랫방망이 소리
산그늘 내리는 개울가에 맴돌고
빨갛게 부어오른 어머니의 손이
흐린 시야로 굴절되어 떠오른다
북풍이 날을 세우고
두 그루 감나무 사이를 들락이며
쌩하니 외줄을 타면

겨우내 맨살 쓰다듬던 내의와
헤어진 무르팍 곱게 누빈 바지가
바지랑대 양쪽으로 힘 겨루듯
장작처럼 투닥거리며 햇살을 기다린다

언니의 노래

묻어온 세월의 때는 어디로 갔을까
김치 냄새 물 묻은 옷자락은 어디다 뒀을까
천륜이라 부르는 아이들 우르르 떠난 자리 허허롭고
사십년 지기 함께 해도 공허한 맘 어찌할까

먼 길 구르고 굴러 깎이고 닳고 닳아
뙤약볕에 흰 이마 드러내고
먼 바다 바라보는 갯가 조약돌처럼
굽이치고 또 굽이치는 육십갑자 넘어 온 길
이제는 거친 돌도 패인 홈도 어슴푸레 사라진 그 길
돌아서서 고즈넉한 눈빛으로 바라본다

올드팝에 취해 눈물 흘리고
가슴 후비는 배호의 애절한 목소리에
맑은 음성으로 곱게 덧칠해 토해내는
언니의 고운 목소리 강물 되어 흐른다
고운 노랫말에 인생살이 다 풀어 놓고
작은 꽃 풀잎 하나 곤충 한 마리에

사그라지지 않은 동심이
쩍쩍 갈라져 마른 바람 스치는 횅한 맘 밭에
꼬물꼬물 사르르 샘물처럼 고여 든다

이어폰 귀에서 떠날 날 없는 우리 언니!
매력이 철철 넘치는 목소리!
철썩이는 파도가 바다의 노래이듯
우우 소리 내는 솔바람이 산의 노래이듯
들판을 가로지르는 물소리 강의 노래이듯
오월 바람 푸르게 물든
아카시아꽃 휘날리는 언덕에서
보리피리처럼 들려오는 그 목소리
아픈 고통 서러운 눈물 행복한 미소
리듬 타고 바람 타고 무심한 듯 날아간다
슬프도록 아름다운 언니의 노랫소리!

자상함과 엄함

자상함과 엄함은
얼굴과 차림은 다르지만
속내는 사랑으로
꽉 채워진 쌍둥이다
엄함의 옷을 입으면
가르침과 채찍이 되고
자상함의 옷을 입으면
배려와 나눔이 된다

자상함과 엄함은
한 그루의 나무이다
뿌리와 줄기는 엄함이다
물과 양분을 퍼 올리고
폭풍우를 지켜주는 버팀목이다
나뭇잎은 자상함이다
섬세한 손길로 바람을 부르고
햇빛과 물로 요리하는 요리사다
그들의 사랑은
자람과 열매를 얻게 한다

자상함과 엄함은
등대 같은 부모이다
아버지는 엄함으로
아집과 나약함에 흔들릴 때
겸손과 용기의 길라잡이가 되며
어머니는 자상함으로
욕심과 불화에 허덕일 때
양보와 화해의 스승이 된다

첫 단추

여린 살갗 다칠까봐
해맑은 영혼이 놀랄까봐
단추를 채울 수 없었다
첫걸음마 하던 날
어머니가 채워준 첫 단추는
포근한 사랑이었다

혼자 길을 떠날 때
떨리는 심장으로
첫 단추를 채웠다
일치와 수평을 잊은 채
열정만으로 채운 단추

아직 채우지 못한 채
지그재그로 흩어진 단추는
어디에 어떻게 채울지
첫 단추의 지시를 기다리고 있다
꿈을 꾸는 길에서
인생의 길목에서

첫사랑

바람이 불면
그대 목소리가 들린다
비가 내리면
그대 모습이 떠오른다
시간이 멈춘 그곳에
그대는 그대로 서 있고
추억의 그림자 다가와
그리움 내려놓으면
메마른 가슴
밤마다 흥건히 젖는다
사랑이라 말하지 않아도
마주 잡은 손에 남은 온기
사랑으로 남아
어느 날은
바람이 되어 속삭이고
어느 날은
비가 되어 마음 적신다

추억

그대는 바람이 쓰다듬는
긴 둑 위에 서서
아지랭이 피는 봄날에는
지천의 꽃향기로
비 내리는 여름날엔
우거진 숲으로
쓸쓸함이 배어드는 가을엔
풍성한 열매로
침묵이 고요히 내리는 겨울엔
담백하고 구수한 얘기로
영혼을 살찌웠습니다
이제 강 하나를 건너고
무심코 뒤돌아봅니다
무겁던 인연의 고리도
하나 둘 스르르 무너지고
그때 크고 둥글게 보이던 꿈이
이제는 엷은 그림자만 남고
시간이 쌓아 놓은

그대와 나의 수많은 흔적들이
낯은 목소리로
두런두런 속삭이다 흩어집니다
계절이 바뀌는 길목에서
그대와 걸었던 골목 어귀에서
점점 야위어가는 추억이
희미하게 흩어지다
바람처럼 또 다가옵니다

하얀 제비꽃

들판 바람 싫었을까
세상 소리 시끄러웠을까
산모퉁이 오솔길에
돌아앉은 네 모습
스쳐 지나는 발자국
못내 그리워
그토록 하얀 웃음 띠는가
돌아서는 발자국
못내 아쉬워
자꾸만 뒷목 간질이는가
고요히 일렁이는
하얀 꽃그늘 뒤에
행주치마 두른
엄마 얼굴 그려지고
두런두런 스쳐가는 삶이
나비처럼 찾아든다
네가 미소 짓던 꽃자리에

하얀 그리움이 일고
네가 서 있던 자리에
수수한 얘기가 있어
돌아본다 또 돌아본다

호박처럼 살고 싶다

호박처럼 살고 싶다
산비탈 언덕에 비스듬히 누워
노란 송홧가루 향기 맡고
강 언덕 논두렁 가에 기대어
개구리 울음소리 듣고
이슬에 젖은 하얀 솜털 세워
줄기 한 뼘 늘이고
뙤약볕에 가냘픈 덩굴손 오그라들면
저녁별 내려와 얼레고 달래고
풀벌레 찾아와 위로해 줄 것이다

호박처럼 살고 싶다
채마밭 탱자나무 울타리
이리저리 눈치 보며 곡예 하듯 타고
장독대 옆 돌담 넌지시 올라
이웃집 감나무와 소곤대고
누군가 그리우면
슬며시 골목길에 누워

청사초롱 노란 꽃등불 밝히면
벌 나비 줄지어 날아와
잔치 열고 벗 되어 줄 것이다

호박처럼 살고 싶다
골목에서 지붕 위에서
산비탈에서 강 언덕에서
별빛 따라 햇빛 따라 거닐다
푸근한 아낙네 행주치마에 안기면
호박이파리 애호박
여름 밥상 호박쌈 된장찌개 되고
보름달처럼 두둥실 떠올라
겨울밤 호박범벅 호박죽 되어
사립문 활짝 열어 둘 것이다

흑백 사진첩

그 안엔 시간이 멈추어 있다
코흘리개 어린 시절도
꿈 많은 학창시절도
인연을 맺은 매 순간도
새로 태어난 분신의 웃음도

기억 회로의 잠금장치를
여린 감성의 열쇠로 돌리면
어둠 속에서 가물가물 피어나는 그림자들
그 옛날이 웃다 울다 떠들다 침묵하다
한데 어우러져 춤을 춘다

가로 놓인 멈춤이라는 푯말 너머로
찰나의 삶이 침묵하고 있어도
흑백의 짙은 그림자 위로
시시때때로 새롭게 단장하여 막을 올리고
매 순간 주인공으로 분장하여
아득한 삶이 한바탕 잔치를 벌인다

더 이상 주름지지 않은 엄마의 얼굴이
따스한 눈길로 다가오고
세살 적 아이 걸음마가
꼬물꼬물 안겨와 포근히 잠들고
푸른 꿈이 풋풋하게 넘실대는
단발머리 소녀를 만날 수 있는 그곳

덧칠할 수 없는 풍경들이
저무는 노을빛 속으로
어슴푸레 곡선을 그려내고
축축해져 가는 가슴 아래로
하나 둘 나래를 접어가는 삶의 파편은
엷은 미소를 띠며 또 다시 그곳으로 숨어든다

엄마의 맘 자리

아이 웃음소리 울타리 넘고
울음소리 치마폭에 숨어드니
가녀린 몸짓 흔적 없고
작은 가슴엔 옹이만 늘어난다
산고의 아픔으로
한 양푼이 비지땀으로
겹겹이 쌓인 체념으로
억척스레 깊고 넓어진 맘 자리

빛바랜 자아와의 대면이 낯설다
돌아본 그곳에
바리케이드처럼 가로 놓인
아집의 틀이 서서히 무너지고
오직 하나의 길만 뚜렷하다
몽실몽실 자라는
어린 싹 숨소리 들리고
풋내나는 꿈이 나풀거린다
사랑이라는 말도 모자라
샘처럼 고여 드는 천륜의 맘 자리